# Geoökonomie

## Einführung in erdhafte Wirtschaftsbetrachtung

Von

Dr. Arthur Dix

1925

Druck und Verlag von

R. Oldenbourg, München und Berlin

# Vorwort

Der deutschen Jugend bieten, was sie sehnend sucht — lockendste Aufgabe des Gereiften, der seine Zeit zu verstehen meint, höchstes Streben dem, der noch an deutsche Zukunft glaubt.

In welchen Bahnen läuft Jungdeutschlands Denken? Jäh erwachte Liebe zum Sport und zum Wandern sind nur die äußeren Zeichen dafür, daß auch die geistige Einstellung auf die enge Fühlung mit der Natur ausgeht. Nennen wir's getrost das Erdhafte. Wie oft habe ich nicht in den verschiedensten Universitätsstädten, von studentischen Kreisen zu weltpolitischen Vorträgen eingeladen, den Hang zur Geopolitik, also zur erdhaften Betrachtung des weltgeschichtlichen Werdens, mit geradezu verblüffender Deutlichkeit verspüren können. Und nicht anders war es in volksschulmäßigen Vortragsreihen vor nichtakademischen Hörern. Weltpolitik und Weltwirtschaft waren die Grundstoffe aller Einzelvorträge. Unzählige Abwandlungen wären denkbar gewesen. Doch die engste Fühlung mit der lauschenden Schar war stets gegeben, wenn alle geschichtliche, alle politische, alle wirtschaftliche Entwickelung sozusagen aus dem Erdboden herauswuchs.

Und so wurde denn aus dem geistigen Erleben mit deutscher Jugend das Streben geweckt, über das gesprochene Wort hinaus der erdhaften Betrachtung politischen Weltgeschehens (Geopolitik) eine erdhafte Betrachtung des wirtschaftlichen Weltgeschehens (Geoökonomie) an die Seite zu stellen.

War meine „Politische Geographie" — die ich vielleicht von Anbeginn besser als Geopolitik firmiert hätte — noch von einigen Säulen aus dem schönen Bau Friedrich Retzels getragen, so ist die Geoökonomie durchaus Eigenbau. Und meinen Kritikern möchte ich im voraus verraten: Es ist nicht mein Ehrgeiz, aus zweihundertfünfzig Büchern das zweihunderteinundfünfzigste zu schreiben; auch nicht mein Ehrgeiz, durch mindestens sieben Fußnoten auf jeder Seite meine Belesenheit zu beweisen. Dieser Versuch der Züchtung gewiß nicht einer neuen Wissenschaft, immerhin aber eines neuen Wissenschaftszweiges, bleibe frei von allen Belastungen, die einer Seminararbeit besser anstehen als einer organischen Neuschöpfung.

Hat man vor einem Menschenalter eine Vernunftehe mit der damals zur geistigen Großmacht aufsteigenden Nationalökonomie geschlossen und später einen Liebesbund mit der Geographie, so setzt man sich nach berühmtem Muster der Gefahr aus, von den Nationalökonomen als guter Geograph, von den Geographen aber als guter Nationalökonom eingeschätzt zu werden. Glaubt man dann aber gar, aus beiden Wissenschaften, über die schon anerkannte Wirtschaftsgeographie hinaus, eine neue Einheit schaffen zu können, so riskiert man wohl, von beiden Seiten gesteinigt zu werden. Doch wer fürchtet den Staub von Perücken, der sich geborgen fühlt im Lager der deutschen Jugend!

# Inhalt

Seite

Vorwort . . . . . . . . . . . . . . . . . . . . . . . . . . . III

Einleitung:

Die allgemeinen Ursachen gedanklicher Umstellung . . . . . . . . 1

A. „Theoretische“ Nationalökonomie und erdhafte Wirtschaftsbetrachtung.

I. Wissenschaftliche Flurbereinigung:

1. Die alte Wirtschaftslehre . . . . . . . . . . . . . . . . . 10
2. Umkehr zum natürlichen Ausgangspunkt . . . . . . . . . 12
3. Der wissenschaftliche Standort der Geoökonomie . . . . . 20

II. Praktische Einführung:

1. Wegweiser zur Geoökonomie. . . . . . . . . . . . . . . . 26
2. Einige Daten . . . . . . . . . . . . . . . . . . . . . . . 31
3. Geoökonomie und Sozialpolitik . . . . . . . . . . . . . . 39

B. „Geoökonomische Geschichtsauffassung.“

1. Geoökonomische Betrachtung der Weltlage . . . . . . . . 47
2. Geoökonomische Betrachtung der deutschen Kolonisationsgeschichte . . . . . . . . . . . . . . . . . . . . . . . . . . 51
3. Die Schicksalsströme Europas . . . . . . . . . . . . . . . 59

C. Geoökonomische Ausblicke.

I. Geoökonomische Lebensbedingungen moderner Staaten:

1. Vorbemerkung . . . . . . . . . . . . . . . . . . . . . . . 63
2. Die Hauptmächte der Gegenwart . . . . . . . . . . . . . 65
3. Mittel- und Südamerika . . . . . . . . . . . . . . . . . . 70
4. Die ostmitteleuropäische Neubauzone . . . . . . . . . . . 73

II. Und Deutschland?

1. Deutscher und fremder Anteil an Erd-Raum und -Bevölkerung 78
2. Deutschland und der Weltmarkt . . . . . . . . . . . . . . 87
3. Deutschlands geoökonomische Beziehungen zu seinen Nachbarn 93

Schlußwort.

# Einleitung

## Die allgemeinen Ursachen der gedanklichen Umstellung.

Der Weltkrieg mit seinen Ausartungen des Wirtschaftskrieges und dem Zwange zur Kriegswirtschaft; die Revolution mit ihren durchgeführten „Nationalisierungen" des bolschewistischen Systems und den mehr oder weniger mißglückten Sozialisierungsversuchen anderwärts; der wirtschaftliche Unfrieden nach Versailles mit seinen weltwirtschaftlichen Mißhelligkeiten — sie haben nicht nur der wirtschaftlichen Praxis härteste Aufgaben gestellt, sondern auch die alte Wirtschaftstheorie einer schwer tragbaren Prüfung unterzogen und neuer wirtschaftlicher Denkweise entgegengeführt.

Bei all ihrer Größe sind dies jedoch nur Teilerscheinungen einer weit allgemeineren Umstellung der Denkweise überhaupt, die von der Kriegszeit ihren Ausgang nahm, oder doch, schon anderweit angebahnt, den stärksten Anstoß durch sie erfahren hat.

Unmittelbarste nachhaltige Kriegswirkung in geistiger Beziehung war bedingt durch die Berührung des Mannes „im Felde" mit dem Boden, mit der Natur. Der landfremd gewordene Städter lernte das Land, lernte weit über seinen alten Gesichtskreis hinaus fremde Länder kennen. Daheim gab es geistiges Miterleben wenigstens auf der sonst kaum je zur Hand genommenen Landkarte. Und das Großstadtkind, das nahe daran gewesen sein mochte, zu glauben, daß die Kuh Butter lege und vom Huhn Rührei gemolken werde, wußte plötzlich unter dem Einfluß empfindlichen Mangels recht genau Bescheid mit landwirtschaftlichen Dingen, die bis zum Überdruß das tägliche Familiengespräch und die Sorge jeder Stunde bildeten.

Endlich aber — und das ist natürlich das weit Überragende — lernten wir nach dem Kriege langsam, wo nicht gedanklich klar erkennen, so doch mindestens dunkel fühlen, daß wir tatsächlich in ein neues Zeitalter der Weltgeschichte eingetreten sind. Die durch den Krieg in ungeahnter Weise beschleunigte Eroberung der Luft für Verkehr und Nachrichtendienst macht unsere alte Erde zusammenschrumpfen. Wenn der Funkspruch in Sekunden den Erdball umkreist, wenn das Luftschiff in zwei Tagen den Ozean überquert, dann sind die Überwindungen von Raum und Zeit so grundlegend gewandelt, daß wir ungleich mehr als je zuvor zu „globalem" Sehen befähigt erscheinen, daß unser Geist wirklich die Erde umspannen kann und sich an das Denken in Kontinenten gewöhnt — unentbehrlich in dem neuen Zeitalter globaler Politik, das die Zeit der europäischen Vorherrschaft abgelöst hat.

Jene, die da von der bolschewistischen Weltrevolution das neue Zeitalter erträumt, haben längst, sofern ihnen selbständige Denkfähigkeit und innere Ehrlichkeit eigen ist, ihren Irrtum erkannt. Doch scheint es Menschheitsschicksal, daß der Hang zu kommunistischen Ausschreitungen sich stets als negative Begleiterscheinung mit dem Dämmern eines neuen Zeitalters verbindet.

Was uns den positiven Schluß auf das Heranbrechen einer gegenüber dem vergangenen Halbjahrtausend wesensverschiedenen Geschichtsepoche ziehen läßt, das sind die grundlegenden Umwälzungen der Verkehrstechnik einschließlich der Technik der Gedankenübertragung, der Kriegstechnik und des Grundcharakters der Weltpolitik, durchweg Parallelerscheinungen zu jenen Wandlungen, die sich beim Übergang vom Mittelalter zur Neuzeit vollzogen.

Verkehrstechnisches Hauptmerkmal jenes Überganges war der gewaltige Fortschritt zur Beherrschung der Weltmeere durch die Entdeckerfahrten unter Nutzung des Kompasses. Nach allseitiger Vollendung der technischen Weltmeerbeherrschung steht unsere Zeit im Zeichen des Fortschrittes zur Beherrschung des Luftmeeres, der gewaltig fortschreitenden Unabhängigkeit von jeder an Land- oder Wasserstraßen gebundenen Verkehrstechnik älterer Zeit.

Wie der Ausgang des Mittelalters ferner die Verkehrstechnik der Gedankenübertragung durch die Buchdruckerkunst um einen gewaltigen Schritt vorwärts brachte, so sind wir in unseren Tagen mit Riesenschritten weiter vorangegangen zur Überwindung aller zeitlichen und räumlichen Hemmnisse der Gedankenübertragung durch den mit Blitzesschnelle rund um die Erde führenden Funkspruch.

Kriegstechnisch brachte der Übergang zur sogenannten Neuzeit mit der Anwendung des Schießpulvers das Ende des ausschließlichen Nahkampfes von Mann gegen Mann und die Einleitung des Frontenkampfes auf größere Entfernungen. Heute bestehen weit über den Krieg der Fronten hinaus schier unbegrenzte Möglichkeiten, den Krieg in ihrem Rücken weit ins tiefe Innere des Feindeslandes zu tragen, seine Wirkungen über den ganzen feindlichen Boden auszudehnen.

Den grundlegenden Umwälzungen der verkehrstechnischen, kriegs- und machttechnischen Möglichkeiten entspricht eine grundlegende Umwälzung der Weltpolitik. Mit dem Zeitalter der Entdecker- und Erobererfahrten setzte das der eigentlichen Weltpolitik im Sinne europäischer Kolonialherrschaft über die Erde ein. Dieses Zeitalter europäischer Kolonialherrschaft hat sich im wesentlichen erschöpft. Weltkriege der europäischen Hauptmächte haben Stufe für Stufe zum Abstieg von der europäischen Bevormundung der Erde geführt. Nach der großen Weltkriegsperiode, in die hierzulande der siebenjährige Krieg Friedrichs fiel, lösten sich zunächst die Vereinigten Staaten von Nordamerika aus europäischer Hörigkeit. Nach der Weltkriegsperiode unter Napoleon folgten Süd- und Mittelamerika. Gegenwärtig beobachten wir das Freiheitsringen Ägyptens und Indiens und sehen die Vereinigten Staaten von Südafrika im Begriff, die bundesstaatlichen Bande, die sie mit England verbinden, bis zur Lösung zu lockern.

Als Objekte kolonialpolitischer Erziehung scheinen künftighin nur noch die tropischen Gebiete Mittelafrikas und der Südseeinseln bestimmt zu sein, und die hier zur Zeit herrschenden Kolonialmächte sollten es als eine ernste Mahnung betrachten, daß deutscher Forschergeist den Schlüssel zur Erhaltung Zentralafrikas durch Bekämpfung der verheerenden Schlafkrankheit in der Hand hält.

Durch die Reihe der Weltkriege seit der Mitte des 18. Jahrhunderts bis auf unsere Tage hat Europa seinen fremden Machtbereichen Anreiz und Möglichkeit zu fortschreitender Verselbständigung gegeben. Das neue Zeitalter steht nicht mehr im vorherrschenden Zeichen der Kolonialpolitik, sondern unter dem sich ständig auswirkenden Schlagwort vom Selbstbestimmungsrecht der Völker und im Zeichen einer Verteilung der Hauptmächte über den Erdball unter Absetzung Europas von der alleinigen Vorherrschaft. Heute haben Amerika und Japan vollberechtigte

Stimmen im Rat der Völker neben England und Frankreich, welch letzteres auch für sein Teil noch einmal die Erfahrung machen wird, daß auch die farbigen Franzosen in Nordafrika den Gedanken vom Selbstbestimmungsrecht der Völker in sich aufnehmen.

Jene Zeit, in der mannigfarbige Truppen aus allen fünf Erdteilen auf europäischem Boden gegen Europäer zum Kampf eingesetzt waren, kennzeichnete mit unüberbietbarer Deutlichkeit den Eintritt in ein neues politisches Zeitalter.

Was wir schulmäßig als Altertum, Mittelalter und Neuzeit zu betrachten gewohnt sind, läßt sich, von Europa aus gesehen, politisch wohl am einfachsten begreifen als

1. Mediterranes Zeitalter,
2. Kontinentaleuropäisches Zeitalter,
3. Kolonialpolitisches Zeitalter.

Sehen wir — nach der alten Gewohnheit der Horizontbeschränkung — von der süd- und ostasiatischen Welt ab, so ist für uns Europäer das Altertum die Zeit sicherer Vorherrschaft der Mittelmeerländer. In dem Augenblick, in dem aus dem nördlichen Europa die sogenannte Völkerwanderung die europäischen Mittelmeerländer überschwemmt, beginnt die mittelalterliche Vorherrschaft der festlandeuropäischen Mächte mit gewisser Betonung mitteleuropäischen (deutschen) Einflusses.

Auch in dieser Zeit aber blieb das alte Mittelmeer ein Hauptverkehrsgebiet und der Blick auch des nördlicheren Teiles von Mitteleuropa auf die mediterranen Halbinseln gerichtet. Und von hier aus kam auch noch der Übergang in das neue Zeitalter, die von dem europäischen Zwischenland zwischen Mittelmeer und Atlantik eingeleitete Epoche der Kolonialpolitik.

Europa wurde seit Beginn der Neuzeit Herr der Welt. Und es fühlte sich dieser Machtstellung so sicher, daß es sich große Kämpfe von Europäern gegen Europäer auf fremdkontinentalem Boden leistete. Das aber war der Anfang vom Ende seiner Vormachtstellung. Weltkriege wurden um den Kolonialbesitz geführt. Und wenn die Weltkriege beendet, die Kolonialgebiete neu verteilt waren — dann löste sich bald diese, bald jene große Kolonie aus europäischer Hörigkeit. Zuerst nach dem englisch-französischen Weltkrieg das Gebilde der Vereinigten Staaten von Nordamerika. Und als abermals ein Weltkrieg kam, da lockerten sich die kolonialen Bande Nordafrikas, Südasiens, Südafrikas und noch mancher anderen Teile des je gesehenen größten Weltreichs.

Daß Europäer in fremden Erdteilen gegen Europäer gekämpft, war nichts Neues. Daß aber fremdrassige Truppenkörper aus allen Erdteilen in Europa gegen Europäer gekämpft, war (nach dem gelinden Vorspiel von 1870 in Frankreich) etwas wesentlich Neues und für eine Weltenwende Entscheidendes! Europa kapitulierte vor dem Globus.

Die technische Zeit- und Raumüberwindung, als europäische Erfindung, ist Europa schlecht bekommen, und noch schlechter bekommt ihm die Verwendung fremdkontinentaler Streitkräfte im Kampfe von Europäern gegen Europäer. Außereuropäische Mächte haben sich als mindestens gleichberechtigt angemeldet und alte Kolonialgebiete sind mehr oder weniger im Begriff, koloniale Fesseln abzustreifen.

So sind wir denn eingetreten in ein neues, in das

(4.) globale Zeitalter,

die Epoche gleichberechtigter Weltmächte, die sich nicht etwa mehr auf Europa beschränken, sondern sich vorläufig über die ganze nördliche Halbkugel verteilen und vielleicht auch einmal auf der südlichen Rivalen finden können. Die Vorherrschaft Europas über den Globus hat (durch eigenes europäisches Verschulden) ein Ende, das Zeitalter der Kolonialpolitik ist in der Hauptsache abgeschlossen, die verschiedensten Mächte aller fünf Erdteile sitzen im Völkerbund, die politische Scheitellinie des Globus ist aus Mitteleuropa über Westeuropa in den Atlantik oder gar ganz nach Amerika verschoben — kurzum, das globale Zeitalter europäischer, amerikanischer, asiatischer Weltmächte im Gegensatz zur früheren absoluten Vorherrschaft unseres kleinen Erdteils unwiderruflich angebrochen.

Der schwerste Schlag gegen den weltpolitischen Grundgedanken der neuen Geschichtsepoche ist geführt worden durch die Entrechtung des kopfreichsten und auch, was mehr heißen will, köpfereichsten Volkes in Kultureuropa. Dieser Zustand ist ein so großer Widersinn, daß er nur aufrecht erhalten werden kann, wenn das deutsche Volk seinerseits die Hand zu dieser Entmannung zu bieten fortfährt. Es ist unsere politische Zukunftshoffnung, daß dieser weltgeschichtlichen Anomalie ein Ende gesetzt werden muß und daß künftige Tage, in Einklang mit dem grundlegenden Wesenszug des neu heraufkommenden Zeitalters, auch das heute noch durch politische Grenzen verstümmelte, in Mitteleuropa geballte 80 Millionen-Volk der Deutschen im Besitze seines vollen Selbstbestimmungsrechtes gleichwertig neben den anderen Führermächten der nördlichen Halbkugel sehen werden.

Was ergibt sich aus der ungeahnten Verschiebung der politischen und wirtschaftlichen Gewichtslage? Mehr denn je tritt als Erfordernis für alle führenden Köpfe hervor: das Wissen um die Erde, die Fähigkeit zu erdräumlichem Denken in Politik und Wirtschaft. Woran aber wohl fehlte es uns mehr? Das Bedürfnis gewiß ist lebendig im jungen Nachwuchs unserer Tage, geweckt durch das tägliche Studium der Landkarte in der Kriegszeit, genährt durch die Frage nach außereuropäischen Betätigungsgelegenheiten in der Nachkriegszeit, gefördert durch die Betrachtung der unmöglichen Grenzen unseres eigenen Landes und noch mancher anderer Staatengebilde in Europa. Doch wo findet das Bedürfnis seine Stillung?

Hier sind wir an dem Punkt, von dem aus der Mahnruf an die Wissenschaft und an das Bildungswesen zu ergehen hat. Eine jede Generation hat ihre bevorzugte Wissenschaft, wenn man will, ihre Bildungsmode. Wir kennen gerade in Deutschland die Zeiten, in denen der Theologe, der Philosoph, der Historiker, der Naturkundler, der Mediziner, der Jurist, der Nationalökonom der tonangebende Mann war. Das waren nicht etwa Modewissenschaften, sondern es entsprach aus irgendwelchen Gründen einem dringenden und zwingenden Zeitbedürfnis. Nun hallt der Schrei der neuen Jugend nach dem Erdkundler, der ihm erdräumliches Denken vermittelt. Aber er verhallt fast ungehört, da die Schule noch so gut wie gar nicht, die Hochschule verschwindend wenig darauf eingerichtet ist.

Vor einem Menschenalter drängte die akademische Jugend ins Studium der Nationalökonomie und Sozialpolitik. Es war der Zug der Zeit. Heute ruft sie nach Geopolitik und der noch jüngere Nachwuchs nach Geographie im Schulunterricht. Und dieser Ruf darf nicht überhört werden. Ein gut Teil unserer Zukunft hängt davon ab, ob den künftigen Führern unseres Volkes die Fähigkeit zu erdräumlichem Denken eigen sein wird oder nicht.

Sowohl auf politischem, wie auf wirtschaftlichem Gebiet brauchen wir im globalen Zeitalter dringend diese Fähigkeit erdräumlichen Denkens. Das Wissen um den Erdball ist aber, wie ich es in meiner „Politischen Geographie" dutzendfach betont habe und immer wieder betonen muß, nur Stückwerk, wenn wir nicht neben der physiologischen Länderkunde die psychologische Völkerkunde gleichwertig berücksichtigen. Und was in dieser Beziehung von der Geopolitik gilt, das gilt nicht minder von der ihr an die Seite zu stellenden Geoökonomie.

Weltpolitik und Weltwirtschaft streben nach einem Jahrzehnt schwerster Erschütterungen durch Krieg und Nachkrieg in eine neue Gleichgewichtslage.

Deutschland zumal, das nach einer Zeitspanne rascher und weiter Ausbreitung seines Anteils an Weltpolitik und Weltwirtschaft zurückgeworfen wurde bis zur Abschließung von dem Weltmarkt und Ausschließung aus den Verhandlungen der Weltmächte, hat am schwersten zu ringen um die Wiedererlangung weltpolitischer und weltwirtschaftlicher Selbständigkeit und Geltung.

In dieser Lage bedürfen wir mehr denn je des Rüstzeuges des Wissens, des Wissens um die allgemeinen Grundlagen und Triebkräfte sowohl wie die heutigen Gestaltungen und Geschehnisse der Weltpolitik und Weltwirtschaft.

In welchem Grade unser Zeitalter als weltpolitisches im strengsten Sinne zu betrachten ist, wurde uns vor Augen geführt, als erstmals in der Geschichte zu Versailles die diplomatischen Vertreter aller fünf Erdteile als gleichberechtigte Unterzeichner eines geschichtlichen Dokuments auftraten, das in der Hauptsache zur Regelung europäischer Angelegenheiten bestimmt war. Für unsere Abhängigkeit von Weltwirtschaft und Weltverkehr machen die täglichen Beobachtungen jedes Wort der Begründung entbehrlich.

Durch die vieljährige Absperrung Deutschlands von der Außenwelt und weiterhin durch unsere Verarmung hat unser Wissen um die weltpolitischen und weltwirtschaftlichen Vorgänge und Zusammenhänge sehr empfindlich gelitten. Hier sind klaffende Lücken auszufüllen, wozu wir nicht nur eigener Forschung und Feststellung, sondern auch des Einblicks in die heutige Gedankenwelt und politisch-wirtschaftliche Lebensweise der anderen Völker bedürfen.

Im gleichen Zusammenhange fordert in der Zeit erdballumspannender Verquickungen von Politik, Wirtschaft und Verkehr überall fühlbar werdendes Bedürfnis nach Einführung in erdräumliches Denken seine Stillung, nach erdräumlichem Denken sowohl in Sachen der Weltpolitik (Geopolitik) wie in Sachen der Weltwirtschaft (Geoökonomie).

Für welches Land und Volk wäre eine solche Einstellung wohl wichtiger als für uns! Oder vielmehr: Was wäre für die Gesundung von Weltpolitik und Weltwirtschaft entscheidender, als der Sieg geopolitischer und geoökonomischer Denkungsweise, der zwangsläufig zu unseren Gunsten ausschlagen müßte?!

Denn so liegen die Dinge:

Geopolitisches Denken erkennt objektiv die heutigen deutschen Grenzen als unmöglich.

Geoökonomisches Denken erkennt es objektiv als schwerste Schädigung der Weltwirtschaft, daß einem durch seine geographischen Lebensbedingungen zu höchster Energieentfaltung erzogenen Volke der freie Zugang zu unentbehrlichen Rohstoffgebieten entzogen, die selbständige Fortentwicklung durch tausend Fesseln gehemmt, die Aufnahmefähigkeit gegenüber dem Weltmarkt durch untragbare Lasten genommen ist.

Geopolitik und Geoökonomie rufen: Los von Versailles!

Wo aber finden wir heute schon geopolitisches, wo gar geoökonomisches Denken? Und doch sehen wir hier deutlich ein dringendes Erfordernis des globalen Zeitalters, scharf vorgezeichnete Aufgaben der geistigen Heranbildung des neuen Geschlechtes.

Durch die Erfahrungen der Kriegszeit und die Beobachtung der Nachkriegszeit sind wir mit Macht auf den neuen Weg gedrängt. Wirtschaftskrieg und Kriegswirtschaft, Neuzeichnung der Erdkarte und Einengung aller Lebensbedingungen für das neue Deutschland haben uns in eine harte Lehre genommen.

So wird im Großen wie im Kleinen unser Blick „erdhaft" eingestellt. So werden wir im Großen empfänglich für eine erdhafte Betrachtung des weltpolitischen Geschehens (Geopolitik), so kehren wir im Kleinen aus großstädtischer Landfremdheit zurück zur Natur. Und so müssen wir auch von theoretischen Kunstbauten der Wirtschaftslehre zurück zur Natur, zur erdhaften Betrachtung der Wirtschaftsbedingungen (Geoökonomie).

Nehmen wir doch irgendein Buch, eine Broschüre, eine Abhandlung zur Hand, die sich mit der heutigen Wirtschaftslage unseres Vaterlandes beschäftigt: Trotz der Revolution beginnen sie alle nicht etwa mit dem Verhältnis zwischen Kapital und Arbeit, sondern unausweichlich mit der Feststellung: Versailles nahm uns so und so viel Weizen- und Roggenboden, so uns so viel Kartoffelland, so und so viel Kohlen- und Erzbezirke. Erdhafte Wirtschaftsbetrachtung, von praktischer Notwendigkeit erzwungen. Ihr muß mit gleicher Notwendigkeit die Umstellung der volkswirtschaftlichen Theorie folgen.

Von der Praxis, sehr viel weniger für die Praxis, lebt die nationalökonomische Wissenschaft. Als abstrakte Theorie schwebt sie in der Luft und kann die Praxis nur, falls ihr Einfluß dazu groß genug wird, auf Irrwege locken, wenn sie nicht aufbaut auf dem Boden der praktischen Erfahrung. Wiederum aber bleibt sie, aus der Beobachtung des praktischen Lebens ihre allgemeinen Schlüsse ziehend, doch nur eine nachschaffende Kunst, die das Bild des Gestrigen malen, nicht aber in die Zukunft weisen kann. Sehr lehrreich war es mir, einmal aus dem Munde eines alten Generalstabsoffiziers, den Hugo Stinnes in seinen Kreis gezogen hatte, zu hören, daß er (um nicht lebenslänglich mit seinem alten militärischen Titel angeredet zu werden) versucht habe, den staatswissenschaftlichen Doktor zu machen, daß es ihm aber unmöglich erschienen wäre, dauernd in den nationalökonomischen Vorlesungen über den Stand der Dinge von gestern zu hören, da er doch mitten in der schon erheblich veränderten Praxis von heute mit dem Blick auf die morgige Wandlungsmöglichkeit lebe.

Will die Wirtschaftslehre nicht nachschaffend, sondern wegweisend sein, so muß sie zurück zur Natur. Dann kann sie, Hand in Hand mit dem Geographen und dem Geologen, aus den Nutzungsmöglichkeiten des Bodens und den Verkehrsmöglichkeiten heraus Zukunftsaufgaben bilden und aufweisen, die auch dem Manne der Praxis Wertvolles bieten. Erdhafte Wirtschaftsbetrachtung kann zu einer schöpferischen Kunst ausgestalten, was heute entweder Photographie oder — Utopie ist.

# A. „Theoretische" Nationalökonomie und erdhafte Wirtschaftsbetrachtung

## I. Wissenschaftliche Flurbereinigung.

Weit entfernt von der Absicht, im knappen Rahmen dieses ersten Versuchs einer Einführung in erdhafte Wirtschaftsbetrachtung eine eingehende Auseinandersetzung mit der bisherigen Behandlungsweise wirtschaftlicher Fragen zu unternehmen oder die Geschichte der Nationalökonomie in ihren Einzelheiten zu beleuchten, haben wir uns doch wenigstens in ganz kurzem Abriß mit der Entfernung der theoretischen Nationalökonomie von erdhafter Betrachtungsweise zu befassen, um weiterhin die Notwendigkeit der Umkehr zum natürlichen Ausgangspunkt darzulegen und schließlich die Grenzlinien des neu zu schaffenden Wissenschaftszweiges gegen die wissenschaftlichen Nachbarn zu umreißen. Erst nach dieser theoretischen Flurbereinigung kann an den weiteren Versuch herangetreten werden, einige wenige Fingerzeige für den Weg in die praktische Geoökonomie zu geben.

### 1. Die alten Wirtschaftslehren.

Durchaus nachschaffend war die Nationalökonomie des Merkantilismus als Wissenschaft. Der praktische Staatsmann jener Zeit war beseelt von dem Wunsche, möglichst viel Geld ins Land zu ziehen, und der schriftstellernde Gelehrte gab den ausgeprobten Methoden das Gewand einer wissenschaftlichen Lehre. Der Handel hatte das Wort. Die Wirtschaftslehre gab seinem Verhalten die nachträgliche Motivierung.

Die erste Reaktion gegen dieses Verfahren bereits führte zurück zur Natur, wies auf den Boden als die ursprüngliche Quelle allen Reichtums.

Während des ersten Weltkrieges, den Frankreich und England um den Besitz amerikanischen, asiatischen und afrikanischen Kolonialbodens in vier Erdteilen und auf drei Weltmeeren führten, erschienen 1758 in Versailles die Hauptschriften von François Quesnay, dem Vater der politischen Ökonomie. Seine Lehre ist auf einen Satz zusammengedrängt in einem Brief Friedrich des Großen an Voltaire: »L'agriculture, c'est cependant la première des arts«. Ohne die Kunst des Ackerbaus, die zeitlich und an Bedeutung erste, gäbe es keine andere Kunst.

Die einseitige Hervorkehrung der Landwirtschaft durch die Schule der Physiokraten ließ sich nicht halten in einer Zeit, in der die „Manufaktur" zur Blüte kam, die europäische Verarbeitung von Rohstoffen fremden Bodens, namentlich in England. Und die Führung im Reiche der wirtschaftlichen Wissenschaft ging von dem Bauernland Frankreich über auf das Industrieland England. Aber anstatt die erdhafte Betrachtungsweise Quesnays zeitgemäß auszudehnen auf den Boden der fremden Rohstoffmärkte, blickte Adam Smith, der für die Folgezeit bis zur Gegenwart die nationalökonomische Denkweise bestimmend beeinflußt hat, im Banne der industriellen Entwicklung auf die Arbeit, das Kapital und den Wert der Ware. Von dem natürlichen Ausgangspunkt: der Gewinnung der Nahrungsmittel und Rohstoffe von und aus dem Boden — war und blieb die wissenschaftliche Nationalökonomie unter dem Einfluß des im praktischen Wirtschaftsleben fortgeschrittensten Landes auch in der nachschaffenden Theorie abgelenkt auf die Vorgänge der Verarbeitung und Verteilung.

Die Losreißung der Wirtschaftslehre von erdhafter Betrachtungsweise und ihre Festlegung auf theoretische Betrachtungen über Arbeit, Kapital und Wert wurde vollendet durch Karl Marx, der auch seine Widersacher in den Bann zwang, diese Probleme voranzustellen. Bei allem Anschein wissenschaftlicher Tiefgründigkeit haftet seine Lehre, genau betrachtet, doch an der Oberfläche der wirtschaftlichen Dinge. Nach Überwindung der Mode des Marxismus mag ein künftiges Geschlecht sie der Einschätzung als „Profitlehre" anheimfallen lassen. Auch schon vor Marx hatte gelegentliches Zurückfinden zum Ausgehen vom Boden durchaus nicht den Sinn erdhafter Betrachtungsweise gehabt, sondern vielmehr den Zweck, sich mit der Grund-„Rente" auseinanderzusetzen (David Ricardo). Die sogenannte „praktische Nationalökonomie" beschäftigte sich natürlich auch mit den wirtschaftlichen Vorgängen in der Land- und

Forstwirtschaft, dem Bergbau usw., aber die „allgemeine oder theoretische Nationalökonomie" war und ist über und über in Anspruch genommen durch den Streit um die Theorien von Wert und Mehrwert, Kapital und Arbeit, Privateigentum und Sozialismus. Die Erzeugung und Gewinnung der Grundstoffe von und aus dem Boden stand in der wissenschaftlichen Behandlung fast durchweg stiefmütterlich zurück hinter der Güter-Verarbeitung und Güter-Verteilung, der natürliche Gemeinschaftsboden des volkswirtschaftlichen Ganzen hinter den sozialen Gegensätzen und Kämpfen.

Halten wir aber Umschau in der Außenwelt der großen Praxis, dann werden wir plötzlich gewahr, daß die großen Kampfobjekte doch ganz andere Namen tragen, als da sind: Kohle und Erdöl, Erze und Kautschuk. Da steht über dem Problem: Kapital und Arbeit — das Problem: Boden und Bewohner, Nutzungsmöglichkeit des Bodens und Eignung der Bewohner zu seiner Nutzung. Über den Streitfragen zwischen Arbeitgebern und Arbeitnehmern das Zusammenarbeiten des volkwirtschaftlichen Gesamtkörpers für die Selbstbehauptung im heißen volkswirtschaftlichen Wettbewerb. Wäre es nicht dringlichere und zeitgemäßere Aufgabe wissenschaftlicher Wirtschaftslehre, die Notwendigkeit dieses Zusammenarbeitens zu begründen und ihm den Boden zu ebnen, als über den Klassenkampf zu theoretisieren? Der richtige Weg freilich ist nur vom richtigen Ausgangspunkt zu finden.

## 2. Umkehr zum natürlichen Ausgangspunkt.

Nationalökonomie „und Sozialpolitik" mit starker Betonung des „und" (vgl. Wagners Tristan und Isolde: Das Wörtchen „und" bedeutet unsere Liebe!) — das war in den letzten Jahrzehnten das Aushängeschild der Wirtschaftswissenschaft. Die Erscheinungen des Klassenkampfes gaben den Anstoß zu dieser Einstellung. Aber mit allem heißen Mühen war die sozialpolitisch eingestellte Wirtschaftslehre doch nicht fähig, den Klassenkampf irgendwie zu bannen. In der Praxis ging es mit Volldampf weiter bis in die Revolution. War nicht doch eine falsche Weichenstellung vorgenommen? Muß man nicht, um freie Bahn zu finden, zurück zum Ausgangspunkt? Zu jenem Ausgangspunkt, an dem die wissenschaftliche Nationalökonomie mit dem Physiokraten Quesnay begann, um aber auch schon damals festgefahren zu werden, weil die erdhafte Betrachtungsweise Quesnays zu einseitig landwirtschaftlich war, ohne die sonstigen Anforderungen des sich stark vorwärts entwickelnden Wirtschaftslebens an den Boden aller Erdteile und die Bodenschätze jeder Art zu berücksichtigen.

Damit ist schon das Unterscheidungsmerkmal der Geoökonomie moderner Art gegenüber dem alten Physiokratismus aufgesteckt: Ausgang vom Boden schlechthin mit allem, was er bietet, nicht nur mit seinen Nahrungsmitteln, sondern auch mit seinen Textilien, seinen Erzen, seinen Stapelplätzen der Licht- und Kraftspender. Ausgang auch nicht nur vom festen Boden, sondern ebensogut von den flüssigen und gasförmigen Teilen der Erdoberfläche, ihren Bewohnern, ihren Kräften und ihrer Nutzbarkeit für den Verkehr. Ist doch unser neues Zeitalter über alle Vorbilder der Vergangenheit hinaus weit gesteigerter Raum- und Zeitüberwindung zugleich gekennzeichnet als ein Zeitalter der Erschließung neuer und wesentlich verbesserter Nutzung der alten Kraftquellen. Von den großen Talsperren und ihrer Verwertung für elektrische Fernleitungen über die neuesten Errungenschaften der Wind-Rotor-Schiffahrt und des Segelfluges hinweg sei nur verwiesen auf die doch einmal kommende Nutzung der Meeresströmung und der Gezeiten als Kraftreservoire und die Kraftaufspeicherung aus der Sonnenbestrahlung unseres Planten, die vielleicht noch einmal die verachtete Sahara zu einem heiß umstrittenen Felde der Energiegewinnung machen wird.

In solchen Zeitläuften möchte man meinen, daß die wissenschaftliche Wirtschaftslehre die Scheidungsklage einzureichen habe gegen die philosophischen oder juristischen Fakultäten, mit denen sie bisher verheiratet war, um sich enger mit den Technischen Hochschulen verbinden zu können. Aber es ist freilich sehr fraglich, ob sie bei der spezialfachlichen Überlastung der technischen Hochschüler hier die rechte Gegenliebe finden kann. Immerhin wäre eine Änderung des gegenwärtigen Zustandes denkbar, wenn nicht, wie bisher im großen Durchschnitt (ich will niemand zu nahe treten, aber Ausnahmen bestätigen nur die Regel) dritte und vierte, sondern erste Kräfte der Nationalökonomie an Technischen Hochschulen tätig wären. Wo gar, wie in Danzig (dem in heftigem Ringen mit dem damals allgewaltigen, auch von mir hochverehrten Ministerialdirektor Althoff durch unablässige Pressepropaganda zu der Technischen Hochschule mitverholfen zu haben mein besonderer Stolz ist) eine enge Verbindung zwischen Technischer und Landwirtschaftlicher Hochschule begonnen hat, da sind zweifellos auch erste nationalökonomische Kräfte am Platz — wenn sie sich nicht in sozialpolitischen Theoremen erschöpfen, sondern die Fühlung mit den natürlichen Grundlagen der Wirtschaft und ihren Kraftquellen suchen und finden.

Jahrzehnte hindurch hat unser Denken über die Wirtschaft sich wesentlich beeinflussen lassen durch jene schematische Konstruktion, die in allen volkswirtschaftlichen Vorgängen einen Kampf zwischen „Kapital" und „Arbeit", zwischen Unternehmern und Arbeitern sah. Auch wo diese einseitige Betrachtungsweise abgelehnt wurde, ergab die politische Entwicklung unter dem Einfluß eben dieser Lehre die Notwendigkeit einer Stellungnahme in und zu dem durch sie geschürten Klassenkampf. Nachdem nun aber in einer Reihe von Ländern durch kürzere oder längere Zeit die äußerste Zuspitzung des Klassenkampfes das sogenannte Proletariat zur Herrschaft gebracht und seine mangelnde Befähigung zum wirtschaftlichen Aufbau erwiesen hat, nachdem besonders die äußere Lage Deutschlands uns vor Augen geführt, wie wenig wir uns heute die innere Zerfleischung im Klassenkampfe leisten dürfen, macht sich ein dringendes Bedürfnis geltend nach Abkehr von jener konstruktiven Wirtschaftsauffassung und Umkehr zu einer natürlichen wirtschaftlichen Denkweise.

Kehren wir, von allem theoretischen Ballast befreit, zurück zu der einfachen Fragestellung nach dem Sinn der Wirtschaft, so finden wir am Ausgangspunkt die menschlichen Lebensbedürfnisse und das Problem ihrer wirtschaftlichen Befriedigung. Dieses Problem aber verweist uns auf die natürlichen Bodenschätze und die menschliche Fähigkeit zu ihrer Nutzung. Als Seitenstück zur „geopolitischen" Denkweise, die sich heute in der Beurteilung weltpolitischer Fragen gebieterisch Bahn brechen will, habe ich die aus gleichem Geiste geborene natürliche Wirtschaftsauffassung als geoökonomische Denkweise bezeichnet.[1]) Das Haften an und das Ausgehen von den

[1]) Erst nach Abschluß der Handschrift erfuhr ich, daß in engsten Fachkreisen der Ausdruck „Geoökonomie" bereits auf die Zusammenhänge der

natürlichen Bedingungen unserer Erde bildet in beiden Fällen gleichermaßen die gegebene Grundlage, ein sicheres Gefühl für das Erdräumliche die Voraussetzung dieser gedanklichen Einstellung.

Die Wirtschaftsformen des Privateigentums oder Kapitalismus sind Fragen minderen Grades gegenüber der Vorfrage, was die Erde für die Befriedigung der menschlichen Lebensbedürfnisse zu bieten hat, und was der Mensch tun kann, um ihr in zweckmäßigster Weise die benötigten Nahrungsmittel und Rohstoffe zu entlocken. Weit wichtiger als der Streit um die soziale Struktur ist das Wissen um die Schätze der Erdkruste und ihre Verwertbarkeit. Diese Verwertbarkeit aber ist, wohlgemerkt, abhängig von der Befähigung der Menschen, die an den Gewinnungsstätten hausen, oder, wenn äußere Einwanderung für die Nutzbarmachung erforderlich ist, abhängig von den klimatischen Bedingungen, die der fremde Zuzug vorfindet. Diese Tatsachen mit in Rechnung zu stellen, gehört zu den ersten Voraussetzungen geoökonomischen Denkens.

Wenn die ganze Weltwirtschaft ein geschlossener Organismus wäre, so stünde die natürliche Wirtschaftsauffassung vor einer verhältnismäßig einfachen Fragestellung. Es würde sich dann eben darum handeln, das Erdenrund in dem Sinne geoökonomisch zu erfassen, daß alle Möglichkeiten menschlicher Bedürfnisbefriedigung ermittelt und, soweit Überschuß vorhanden, die günstigsten ausgewählt werden. Theoretisch ließe sich die Sache so denken, daß der gesamte Bedarf an Weizen, Reis, Mais, Baumwolle, Wolle, Leder, Eisen, Kohle, Kupfer, Erdöl usw. festgestellt und andererseits klargestellt würde, wo alle diese Dinge am einfachsten und besten zu gewinnen sind. Praktisch aber würde diese Rechnung nie aufgehen, da sowohl die Bevölkerung und ihre Bedürfnisse sich verändern als auch Mißernten u. dgl. alle Vorausberechnungen über den Haufen werfen können. Und schließlich ist die Weltwirtschaft kein geschlossener Organismus, sondern ein Gemenge von volks- und privatwirtschaftlichen Interessen, zwar mit mancherlei und unentbehrlichen Verknüpfungen untereinander, aber doch auch mit gewaltigen Konkurrenzgegensätzen.

---

Geologie mit der praktischen Wirtschaft angewandt wird (die Wirtschaft des Bergbaus). Entsprechend der Wortbildung „Geopolitik" darf die „Geoökonomie" aber doch wohl mit weit größerem Recht für die erdhafte Betrachtung der Gesamtwirtschaft beansprucht werden.

So kommt es denn in erster Linie darauf an, daß jeder in dem schweren Wettbewerb stehende nationalwirtschaftliche Organismus sich seine geoökonomischen Existenzmöglichkeiten zu sichern sucht. Für kaum ein anderes volkswirtschaftliches Gebilde gilt das mehr als für unser deutsches. Wenn wir uns zügellosem Klassenkampf hingeben, anstatt die wirtschaftlichen Gemeinschaftsinteressen nach außen hin zu begreifen, dann ist das Wort, daß innerhalb der deutschen Reichsgrenzen 20 Millionen Menschen zu viel leben, keine gehässige Phrase, sondern bittere Wahrheit. Unser Boden ist karg; er erfordert viel Fleiß und viel technische Nachhilfe, um unsere Abhängigkeit im Bezug von Nahrungsmitteln aus dem Ausland nicht ins Ungemessene wachsen zu lassen. An Rohstoffen vieler Industriezweige sind wir vollends auf das Ausland angewiesen. Und ihre Bezahlung durch Fabrikatausfuhr ist keine Frage, die durch den Klassenkampf gelöst werden kann, sondern eine Frage der technischen Leistungsfähigkeit, der Kräftenutzung, der Arbeitsintensität.

Die wirtschaftlichen Bedingungen, unter denen wir als kopfreiches Volk auf engem Boden schon vor dem Kriege lebten, die aber durch das Versailler Diktat und seine weiteren Folgen geradezu maßlos erschwert sind, erfordern, wenn wir nicht elend verkommen wollen, vollste Gemeinschaftsarbeit an der Lösung der uns gestellten geoökonomischen Probleme. Da ist obenan die Frage, was sich unserem eigenen Boden nur irgend abgewinnen läßt, welche technischen Vervollkommnungen, gegebenenfalls welche wirtschafts- und zollpolitischen Maßnahmen nötig sind, um die erzielbaren Höchsterträge an Nahrungsmitteln und Rohstoffen sicherzustellen. Weiter: Woher wir unter den verhältnismäßig günstigsten Bedingungen die notwendige Ergänzungszufuhr beziehen können, wo und unter welchen Bedingungen deutsche Technik und Arbeitskraft vielleicht an ihrer Gewinnung mitwirken können. Und auf der Gegenseite: Wo wir die Absatzmärkte finden, die wir unbedingt nötig haben, um die schlechtweg unentbehrliche Einfuhr bezahlen zu können.

Dazwischen steht das Problem, was wir leisten müssen, um unter den für uns so ungünstig gewordenen äußeren Bedingungen auf dem Weltmarkt wettbewerbsfähig zu bleiben. Eine Frage vorwiegender technischer Energie und der menschlichen Arbeitsintensität, keinesfalls eine Frage des Klassenkampfes, sondern vielmehr weit über ihn hinauszurücken. Denn der übersteigerte Klassenkampf hat ja doch nur das Ziel zu erreichen vermocht, daß der deutsche Arbeiter künftig weniger für den deutschen Kapitalisten „schuftet" als vielmehr — für den französischen.

Muß uns natürliche Wirtschaftsauffassung im Inneren des eigenen Landes und Volkes zu dieser Denkweise zurückführen, so dürfen wir aber auch nicht versäumen, der Außenwelt die geoökonomischen Gesichtspunkte in Augenweite zu rücken. Es ist doch nun einmal erwiesene Tatsache, daß die in mancher Hinsicht harten, in mancher auch günstigen klimatischen und geographischen Gegebenheiten im Herzen Europas, d. h. in einer gar nicht zu übersehenden Verkehrslage, ein Volk herangezogen haben, das zu weit mehr als durchschnittlichen Leistungen befähigt ist. Ein Volk, das nicht nur seinen eigenen Boden besser zu nutzen weiß als viele andere, sondern das auch in der Verwertung fremder Bodenschätze höchste Fähigkeiten entwickelt hat. Ein Volk, das durch diese seine Leistungen fremde Volkswirtschaften teils lehrend befruchtet hat, anderenteils zu ihrem besten Absatzmarkt geworden war. Und wenn auch, wie oben gesagt, die Weltwirtschaft kein geschlossener Organismus ist, so sind die wechselseitigen Verquickungen doch bestimmt eng genug, um es in allen Erdteilen empfinden zu lassen, wenn ein solches Glied ausgeschaltet oder aufnahmeunfähig gemacht ist.

Sträubt sich natürliche Wirtschaftsauffassung im Innern einer einzelnen Volkswirtschaft gegen das Vorherrschen des Klassenkampfes, so sträubt sie sich bei Betrachtung der äußeren, weltwirtschaftlichen Zusammenhänge gegen den nicht minder ungesunden Kampfzustand, der gegenüber dem deutschen Wettbewerb immer noch aufrechterhalten wird. Wie der Handarbeiter den Kopfarbeiter braucht, so brauchen die Rohstoffländer den Absatzmarkt der technisch so hoch entwickelten deutschen Industrie. Nur ein wenig mehr Verständnis für natürliche, erdhafte Wirtschaftsauffassung — und es würde sich hüben wie drüben gar vieles bessern!

Die Betrachtung des Wirtschaftslebens muß sich endlich abkehren von dem Schema der Teilung in Arbeitgeber und Arbeitnehmer, in Ausbeuter und Ausgebeutete, in Kapitalisten und Proletarier; abkehren von der Schornsteinperspektive und der Neidhammelei, dem Klassenkampfgetöse und der Sentimentalität. Wir müssen wieder zurück auf den realen Boden, auf den Boden der Wirtschaft und der Volksgemeinschaft im wörtlichen Sinn.

Vom Boden, d. h. von Gestalt und Gehalt der Erdoberfläche, nimmt die Wirtschaft ihren Ausgang. Hier wurzeln ihre Bedingungen und ihre Möglichkeiten. Der Boden und die Fähigkeit seiner Bewohner, ihn nutzbar zu machen, sind die Grundlagen aller Wirtschaft. Mit der Voranstellung dieses ersten Grundsatzes begehen wir keinen Rückfall in die Einseitigkeit der physiokratischen Schule der Nationalökonomie von ehedem, weil wir heute natürlich klar genug vor Augen haben, daß eine hochentwickelte Volkswirtschaft nicht allein leben kann von dem Ackerboden, sondern daß sie auch der Schätze der tieferen Erdkruste, wie der Kohle und des Eisens, und der Erzeugnisse fremden Bodens, wie der Baumwolle, des Kupfers, des Erdöls bedarf. Wir wollen also nicht einer neuphysiokratischen, sondern einer geoökonomischen Auffassung das Wort reden — einer volkswirtschaftlichen Denkweise, die von der Erwägung ausgeht: Was kann der eigene Boden uns bieten? Was können wir tun, um seine Erträgnisse am vorteilhaftesten zu nutzen? Was brauchen wir trotz dieser vorteilhaftesten Nutzung doch noch an Erzeugnissen fremden Bodens? Wie können wir diese am besten verwerten und mit geringstem Aufwand bezahlen?

Sind dies für uns einmal die wirklich grundlegenden volkswirtschaftlichen Fragen, dann haben wir schon, bildlich gesprochen, den Boden der Volksgemeinschaft bereitet. Denn wenn wir von dieser Seite natürlichen wirtschaftlichen Denkens aus an die Probleme herantreten, ohne uns in die sozialen Unterschiede festzubeißen und sie über alles zu stellen, dann ist es doch ganz klar, daß jedes Mitglied der Volksgemeinschaft, daß jedes noch so kleine Rädchen der volkswirtschaftlichen Maschinerie mitten in dem breiten Rahmen einer nationalen Interesseneinheit steht, daß jeder von uns schließlich und endlich das gleiche Ziel im Auge haben muß.

Dies ist unser Staatswesen in seinem gegebenen Umfang, seinen gegebenen Grenzen. Dies ist unsere Volkszahl und unsere Volksvermehrung. Dies ist unser Boden und unser Klima. Dies sind unsere wirtschaftlichen und technischen Fähigkeiten — größtenteils durch Boden und Klima bedingt. Dort liegen die Möglichkeiten äußerer Ergänzung unter diesen und jenen Bedingungen: Die Rohstoffmärkte, die Absatzmärkte. Wie schaffen wir nun den Einklang zwischen unseren Erzeugungsmöglichkeiten und unsern Bedürfnissen, zwischen Zuschußbedarf und Ausfuhrmöglichkeit?

Sind denn diese großen Interessenfragen der Volksgemeinschaft nicht tausendmal wichtiger als alle Haßgesänge des Klassenkampfes, als alle inneren Abweichungen von landwirtschaftlichen und industriellen, kapitalistischen und proletarischen Sonderforderungen und Sondervorteilen? Müssen wir nicht, um uns allesamt auch nur notdürftig am Leben erhalten zu können, zurückkehren zu der natürlichen wirtschaftlichen Denkweise, der die Abhängigkeit von den Erdgegebenheiten, von den Möglichkeiten und Bedingungen des eigenen und fremden Bodens tausendmal höher steht als all der Formelkram abstrakter nationalökonomischer Theorien, einseitig verbildeten Denkens?

Ein reichliches Menschenalter haben wir daran gelitten — und sind schließlich dadurch an den Bettelstab gebracht — daß unsere große Nationalökonomie mit ihren starken politischen Auswirkungen sich infizieren ließ durch den Marxismus. Jetzt ist es nicht getan mit dem Ruf: Los vom Marxismus! Wir kommen nur los von ihm, wenn wir etwas Neues an seine Stelle zu setzen haben; wenn wir die wurzellose antikapitalistische Theorie beseitigen durch eine bodenständige, wurzelstarke Wirtschaftslehre. Und sie kann keinen anderen Baugrund haben als den der Mutter Erde! Diese „Rückkehr zur Natur" muß uns eine Gesundung nicht nur des theoretischen wirtschaftlichen Denkens, sondern auch der praktischen Wirtschaftspolitik bringen. Denn darüber dürfen wir uns nicht täuschen: Wie die Wirtschaftspolitik führender, schöpferischer Staatsmänner die nachschaffende Wirtschaftslehre beeinflußt, so ist beim Mangel an solchen Schaffenskräften die Wirtschaftspolitik der Kammern und Kabinette beeinflußt durch die wirtschaftstheoretischen Lehren — von gestern und vorgestern.

Wir werden noch lange an den Folgen nationalökonomischer Irrlehren zu tragen haben. Um so entschlossener und entschiedener aber müssen wir uns umstellen auf ein gesundes, geoökonomisches, aus dem natürlichen Boden schöpfendes Denken und es dem zersetzenden Marxismus entgegenführen. Der Wille zur Politik der Produktionsförderung, zum Sieg der Werteschaffer, darf nicht an der Oberfläche haften, sondern muß auch wissenschaftliche

Fundamente ausschachten — Fundamente, stark genug, um dem Gedanken unverfälschter Volksgemeinschaft dauernden Sieg über den Klassenkampf und seine falschen Propheten zu gewährleisten.

## 3. Der wissenschaftliche Standort der Geoökonomie.

Zwischen den Versuch, die Notwendigkeit erdhafter Wirtschaftsbetrachtung zu begründen, und den Versuch einer ersten Einführung in die Geoökonomie werden wir eine kurze Auseinandersetzung darüber einzuschalten haben, wohin die Geoökonomie im Reich der Wissenschaften gehört, wodurch sie sich abhebt von anderen Zweigen der Wirtschaftslehre, und wo ihre engste wissenschaftliche Verwandschaft beheimatet ist.

Die Gedankengänge, die zur Geoökonomie führten, gingen ursprünglich aus von den Zusammenhängen zwischen Weltpolitik und Weltwirtschaft und dem Erfordernis, der Geopolitik auf wirtschaftlichem Gebiet ein Seitenstück zu geben.

Auch der Begriff der Geopolitik ist ja noch sehr jungen Datums. Der Schwede Kjellen, der ihn schuf, hat wohl nirgends ein so freudiges Echo gefunden, wie in der akademischen Jugend Deutschlands. Sie ist nach meinen Beobachtungen so sehr auf diesen Begriff eingestellt, daß ich ihr hierfür keine Erläuterung zu bieten brauche und annehmen kann, daß sie auch ohne weiteres aufnahmefähig ist für den Begriff der Geoökonomie. Denn sie ruft laut nach der erdhaften Betrachtungsweise. Aber das akademische Alter wird sich an der neuen Formel stoßen und der Nichtakademiker an dem zweifellos etwas holprigen Wortgebilde. Doch es dürfte schwer sein, eine nicht wesentlich längere Bezeichnung zu finden, die das Wesen der Sache, um die es sich handelt, so bestimmt umreißt.

Es bedürfte keiner neuen Begriffsbildung, wenn die Geoökonomie gleichbedeutend wäre mit der Wirtschaftsgeographie. Aber die Geoökonomie verhält sich zur Wirtschaftsgeographie etwa wie die Geopolitik zur politischen Geographie. Die Wirtschaftsgeographie reiht, ähnlich der politischen Geographie, die Tatsachen aneinander — wie Rohstoffvorkommen, Sitze der verarbeitenden Industrie u. dgl. Damit aber erfüllt sie noch keineswegs die Aufgaben der Geoökonomie, wie auch die politische Geographie als

Feststellung des Gewordenen im Ratzelschen Sinne nicht die Aufgaben der Geopolitik lösen kann oder auch nur will.

Geoökonomie ist ebensowenig gleichbedeutend mit Weltwirtschaftslehre als Behandlung der überstaatlichen Zusammenhänge des Wirtschaftslebens. Vielmehr hat Geoökonomie, in die Zukunft blickend wie die Geopolitik, die Nutzungsmöglichkeiten der wirtschaftsgeographisch gegebenen Tatsachen zu behandeln und auch die Richtlinien künftiger Weltwirtschaft aufzudecken.

Geopolitik heißt (über Kjellen weiterdenkend): Einstellung der Politik auf erdräumliches Denken, Aufstellen weltpolitischer Wegweiser auf Grund erdkundlichen Verstehens. Und so heißt Geoökonomie: Wirtschaftliche Zielsetzung nach Maßgabe der natürlichen Boden- und Klima-Bedingtheiten unter Ansetzung der wirtschaftlichen Energiefaktoren der vorhandenen Bevölkerung — auch der etwaigen Aussichten neu zuströmender Wirtschaftskräfte nach Maßgabe der geographisch-klimatischen Lebensvoraussetzungen.

Der Zusammenhang zwischen Geopolitik und Geoökonomie wird als außerordentlich eng ersichtlich, sobald man sich vor Augen hält, daß die Politik der heutigen Groß- und Weltmächte in hohem Grade beeinflußt ist durch das Streben nach Beherrschung gewisser Rohstoffgebiete. Im Grunde war es ja immer so. Aber was früher die Hirse, der Mais, der Reis, der Weizen als Nahrungsmittel der Menschen unmittelbar war, ist heute Kohle, Kupfer, Baumwolle, Gummi, Erdöl als Nahrungsmittel der Industrie oder der Verkehrsmittel, also der industriell arbeitenden Menschen mittelbar. Doch ist wohl zu beachten, daß es mit dem Wissen um die Vorkommen solcher Rohstoffe nicht getan ist, sondern daß auch die Nutzungsmöglichkeit nach Maßgabe der an Ort und Stelle vorhandenen oder unterzubringenden menschlichen Energiekräfte berücksichtigt werden will — Land und Leute, physiologische Boden-, psychologische Volkskunde! Um ein krasses Beispiel zu konstruieren: Was helfen mir die reichsten Goldvorkommen in einem Gebiet, in dem jeder Arbeiter der Schlafkrankeit erliegt? Was helfen mir die größten Kohlenflöze unter ewigem Eise? Möglich, daß auch diese Hindernisse einmal überwunden werden können (wie es mit der Schlafkrankheit durch deutsches Können angebahnt erscheint) — gewisse klimatische Grenzen sind aber doch immerhin nur in bedingtem Umfange überschreitbar. Solchen Umständen hat die Geoökonomie auf der einen Seite ebensogut Rechnung zu tragen, wie sie auf der anderen Seite zu beachten hat, daß unter klimatisch anders gelagerten Vorbedingungen Völker mit relativ geringem eigenem Bodenertrag auf höchste Produktionsfähigkeit steigen können.

Es verlohnte sich kein Wort über Geoökonomie zu sprechen, wie es sich nicht verlohnte, geopolitischen Gedanken nachzugehen, wenn man diese menschlichen Energiefaktoren ausschalten wollte, die doch gerade ihrerseits auch stark an die geographischen Bedingtheiten gebunden sind. Nicht darum allein kann es sich handeln, wo man die wertvollsten Bodenschätze aufstöbert, sondern mindestens ebensosehr darum, wo die besten Verwertungsmöglichkeiten sich ergeben. Und das ist nicht Sache des „Landes", sondern der „Leute", nicht Sache des Bodens, sondern Sache der Bewohner — und sind die Bewohner der Fundstätte nicht geeignet, ist der Boden der Fundstätte vielleicht auch nicht geeignet, zuwandernden Bewohnern die bestmögliche Verwertung zu gestatten, dann gebührt diese eben Ländern anderer klimatischer Bedingungen. So verstehe ich geoökonomisches Denken: Die Erdräume auf ihre wirtschaftlichen Möglichkeiten durchfurchen, aber auch die menschliche Energie als Nutzungsfaktor nie aus dem Auge lassen!

Erdkunde und Völkerkunde, Wirtschaftskunde und Staatenkunde, Technik und Verkehrslehre stehen Gevatter bei der Geoökonomie. Sie leiht sich von der Geologie die Kenntnis der Erdkruste mit ihrem wirtschaftlich verwertbaren toten Inventar; von der Naturkunde und Landwirtschaftslehre die Kenntnis von dem lebenden Inventar der Weltwirtschaft und seiner Vermehrbarkeit; von der Technologie die Kenntnis von der Verwertbarkeit der Rohstoffe und der Naturkräfte; von der Geographie die Kenntnis der natürlichen Verkehrsmöglichkeiten; von der Völkerkunde, insbesondere der Völkerpsychologie, die Kenntnis von den wirtschaftlichen Fähigkeiten der Bodenbewohner und der Entwicklungsfähigkeit ihrer Märkte; von der Nationalökonomie die wirtschaftlichen Begriffsbildungen und die Kenntnis der primitiven Wirtschaftsgesetze; von der Staatenkunde die Kenntnis der politischen Abgrenzungen, innerhalb deren sich die volkswirtschaftlichen Einzelorganismen entwickeln, und die Gesetze, durch die im Einzelfall die Produktions- und Arbeitsbedingungen reglementiert sind.

Die Geopolitik beansprucht keinen Platz unter den theoretischen Geisteswissenschaften. Sie will praktische Wissenschaft sein, wie die technische oder chemische Wissenschaft, wie die Agrarwissenschaft oder Verkehrslehre. Sie will nicht nur verzeichnen, was war und was ist, sondern auch hinweisen auf das, was werden könnte und werden sollte. Sie will nicht nachschaffend, sondern schöpferisch sein — aber nicht im Luftreich der Utopie, sondern auf dem festen Boden der Wirklichkeit.

Auch die Nationalökonomie war doppeldeutig als Lehre von dem Gewordenen und als Konstrukteur von Gesetzen für die wünschenswerte Wirtschaftspolitik des Staates. Aber sie konstruierte ihre Gesetze aus Abstraktionen und kam — wenn sie sich nicht in Luftgebilde verlor — zur Feststellung des Wünschenswerten in der Regel erst nicht als Verkünder, sondern als theoretischer Begründer und Verteidiger einer praktisch bereits eingeschlagenen Politik. Wenn England den Freihandel brauchte, verkündete ein Adam Smith das Dogma des Freihandels; und wenn Bismarck den Schutzzoll brauchte, begründeten Zweckgelehrte nachträglich die Notwendigkeit des Schutzes der nationalen Arbeit mit volkswirtschaftlichen Gesetzen. Die Geoökonomie will gleich ihrer Schwester, der Geopolitik, auf eigenen Füßen stehen, will vorausschauen, noch bevor das Auge des Staatsmannes sich auf die neue Blickrichtung einstellt. Dabei aber will sie nie den Boden des organisch Gewordenen verlassen, sondern nur organischer Fortentwicklung die Wege bahnen helfen.

Die Verengung der Erdräume steigert die weltwirtschaftlichen Kämpfe zu höchster Intensität. Auch dieser Erscheinung kann die Nationalökonomie bestenfalls nachfolgen, zumal sie sich vielfach noch nicht einmal bis zur Anerkennung der Weltwirtschaftslehre durchgerungen hat. Die Intensität dieser Weltwirtschaftskämpfe zu beobachten, ihre natürlichen Bedingungen zu untersuchen, aber auch vorausschauend festzustellen, welche Aufgaben sich daraus für die eigene Volkswirtschaft morgen und übermorgen ergeben werden, ist Sache der Geoökonomie. Sie weitet ihren Horizont über die Volkswirtschaft hinaus bis zum Globalen, aber nur mit der Absicht, der Volkswirtschaft als Wächter auf hohem Turm zu dienen. Oder, um das Bild zeitgemäßer und richtiger zu gestalten: Die Geoökonomie sitzt in schnellem Luftkreuzer, segelt in ihm dauernd rund um den ganzen Erdball und funkt in die Heimat, was geschieht, was droht, was an neuen Gefahren und an neuen Möglichkeiten auftaucht und was zur Sicherung und Förderung der heimischen Wirtschaft nottut. Dabei wird sie freilich wenig Gelegenheit finden, den Funkspruch auszugeben: Ihr deutschen Arbeiter, rechnet auf den morgigen Sieg des internationalen Proletariats! — wohl aber um so mehr Anlaß zu dem Funkspruch: Ihr deutschen Werteschaffer insgesamt, Handarbeiter und Kopfarbeiter, Unternehmer und Angestellte, Landwirte und Industrielle — ballt Euch zusammen zu einer starken Einheitsfront gegen übermächtige Wettbewerber, schmiedet den Block der produktiven Kräfte, damit Ihr nicht zermalmt werdet!

War das eben eine unwissenschaftliche Abschweifung ins Politische? Dann ist auch jedes Eintreten nationalökonomischer Wissenschaft alter Schule für Schutzzoll oder Freihandel, ist vor allen Dingen jede angeblich wissenschaftliche Begründung einer Notwendigkeit des Klassenkampfes ein krasser Ausbruch aus der Wissenschaft in die Politik. Dann verbrenne der strenge Gelehrte also ziemlich alle Standard-Werke der Nationalökonomie!

Weil der Staat diese oder jene volkswirtschaftliche oder sozialpolitische Maßnahme ergriff, lehrte die Nationalökonomie: Dies ist richtig — oder (in der Opposition) dies ist falsch. Und bewies es mit tausend Gründen. Die Geoökonomie will nicht dasein, mitzulieben oder mitzuhassen; sie will sagen: Hier stehen wir — hier steht die Außenwelt; dies haben wir von draußen zu erwarten — das muß drinnen geschehen. Nicht nach dem Staate (post hoc et propter hoc), noch gegen den Staat — sondern für den Staat, für das wirtschaftliche Volksganze.

Geoökonomie ist in erster Linie Tatsachenlehre, mit Ausblicken auf die aus den gegebenen Tatsachen — den wirtschaftlichen Beständen und Möglichkeiten der Erdkruste, der Erdoberfläche und der sie umgebenden Luftschicht im Verein mit den wirtschaftlichen Fähigkeiten und Möglichkeiten der Erdbewohner — sich ergebenden Zukunftsaussichten. Ihre naturgemäßen Urstoffe sind Land und Leute, der Boden und die an seine Nutzung gewandte Arbeit. An deren Betrachtung schließen sich an die weiteren Verarbeitungs- und Verteilungsvorgänge, bei denen wiederum nicht theoretische Abstraktionen über Wert, Preis, Kapital usw. im Vordergrunde stehen, sondern die erdräumlichen Lagerungen der verschiedenen Wirtschaftszweige, Betriebsformen, Absatzmärkte, Bedürfnisentwicklungen. Wobei immer zu beachten bleibt, daß die Physiologie der Erdräume in engstem Zusammenhang mit der Psychologie ihrer Bewohner behandelt sein will.

Wie die Nationalökonomie an sich in ihrer Entwicklung seit Adam Smith zu viel von bodenständigen Wurzeln abgetrennte Theorie geboten, so haben wir zu viel Geschichte der Wirtschaftslehre, zu wenig Geschichte der Wirtschaft getrieben. Die Gewöhnung an erdhafte Wirtschaftsbetrachtung wird auch der Wirtschaftsgeschichte als Geschichte der Bodennutzung jeder Art und der erdräumlichen Gliederung der Verarbeitung und Verteilung zu ihrem Rechte verhelfen, ja, nach ihr rufen und ihre Bearbeitung im geoökonomischen Sinne anfeuern. Denn wo aus der organischen Erfassung des Standes von heute auf die Möglichkeiten für morgen verwiesen werden soll, da wird unmittelbar auch ein Rückhalt gesucht àn der nach gleichartigen Grundsätzen aufgebauten Geschichte des bis hierher Gewordenen.

Geoökonomie will keine Luftschlösser bauen, sondern auf festen Fundamenten fortarbeiten. Ihr Boden die Erde, ihr Werkzeug der Mensch, ihr Ziel die nationale Wohlfahrt.

Oder will man eine Wissenschaft, die einem praktischen Zweck zu dienen sich berufen fühlt, streichen? Dann verbiete man der medizinischen Wissenschaft das Streben nach Mitteln und Wegen, Kranke gesund zu machen! Oder noch einfacher: Man kassiere alle Fakultäten. Denn selbst Philosophie und Theologie erstreben ja doch praktisch die Gesundheit des Gemüts und der Seele, Jurisprudenz die Gesundung der am Unrecht Leidenden. Also darf sich schließlich wohl auch die Geoökonomie anmaßen, die Gesundheit und kräftige Weiterbildung schwer notleidenden Wirtschaftskörpers anzustreben.

Praktische Zielsetzung der Wissenschaft zu leugnen, um dadurch die Möglichkeit zu gewinnen, anderen, unter wesensverschiedenen Lebensbedingungen lebenden Völkern die angebliche „Theorie“ als allgemeingültige Richtlinie zu ihrem Nachteil aufdrängen zu können, wollen wir den Beherrschern des „cant“ überlassen, zu dem sich die naive Ehrlichkeit deutscher Ausdrucksweise nun doch einmal nicht durchzuringen vermag. Praktische Zielsetzung der Wissenschaft aber tatsächlich mit dem Augenaufschlag tief gekränkter akademischer Würde auch innerlich abzulehnen — das ist der höchst zweifelhafte Vorzug jenes „Volkes der Dichter und Denker", das man eben wegen dieser weltfremden Einstellung einstmals so lieb hatte und auch heute gern wieder in die alte Weltfremdheit einlullen möchte. Dieses Schlafmittel wirkt in Deutschland so furchtbar leicht. Wollen wir aber nicht doch lieber wach und wachsam bleiben?

Abzulehnen ist doch schließlich nur jene Art Zweckwissenschaft, die entweder staatlichem Machtspruch oder privatwirtschaftlichen Interessen feil ist. Ebensowohl freilich auch jene Art Zweckwissenschaft, die auf Zersetzung des Staates und des Wirtschaftskörpers abzielt. Nicht aber „medizinische" — will sagen: auf die Gesundung des ganzen Staats-, Volks- und Wirtschaftskörpers ohne voreingenommene Tendenz für irgendwelche öffentlichen oder privaten Machtgruppen, Kasten oder Klassen hinstrebende Wissenschaft. Und den Anspruch dieser wissenschaftlichen Objektivität wird sich die Geoökonomie zu erkämpfen haben und hoffentlich auch zu erkämpfen wissen — auch wenn sie ganz bewußt *keine Registratur*, weder der Weltwirtschaft noch der Wirtschaftsgeographie, *sondern Pfadfinder* auf dem Wege zum Gedeihen der nationalwirtschaftlichen Gesamtheit im gegebenen Raume der weltwirtschaftlichen Bedingtheiten sein will.

## II. Praktische Einführung.

Ein wissenschaftliches „System" der Geoökonomie muß späteren, weit eingehenderen Arbeiten vorbehalten bleiben. Die vorläufige praktische Einführung kann nur die Aufgabe haben, sogleich bildhaft das Gegenständliche zu zeigen, sozusagen Kostproben aus der Geoökonomie der Gegenwart zu geben und schließlich auch die grundsätzliche Einstellung gegenüber der Behandlungsweise solcher Fragenkomplexe anzudeuten, mit denen die Nationalökonomie alten Stils sich vorzugsweise zu befassen liebte, obwohl sie sich halb auf der Grenze zwischen Nationalökonomie und Soziologie bewegten.

### 1. Wegweiser zur Geoökonomie.

Irgendwo leben 1000 Menschen und decken die 1000 Einheiten ihrer Lebensbedürfnisse von den 1000 Bodeneinheiten, die sie bewohnen.

Was geschieht nun, wenn die 1000 Bewohner sich auf 1200 vermehren?

Entweder: Die 1200 schränken sich so ein, daß durchschnittlich jeder nur noch $^{10}/_{12}$ der früheren Lebensbedürfnisse deckt.

Oder: Es müssen 200 neue Bodeneinheiten besetzt werden — sei es durch Auswanderung, sei es durch gewaltsame Aneignung.

Oder drittens: Es werden aus dem vorhandenen Boden neue Werte geschaffen, es wird „gewirtschaftet". Die wirtschaftliche Technik bemächtigt sich des Bodens und zwingt ihm höhere Erträge ab.

Vielleicht liefert der bewirtschaftete Boden nun aber mehr Nahrung, als die Bewohner brauchen, indessen der Bestand an Kleidung liefernden Tieren infolge des gesteigerten Bedarfs zusammenschrumpft. Abhilfe schafft der Austausch mit einem Nachbarstamm, der sich in umgekehrter Lage befinden mag, da übermäßiger Viehreichtum nur wenig Bodenerträgnisse für die menschliche Nahrung zuläßt.

Auf dem Urgrund dieser drei Faktoren: Tragfähigkeit des Bodens, menschlicher Arbeit an der Gewinnung und Förderung seiner Erzeugnisse nebst Weiterverarbeitung zur Gebrauchsfähigkeit — und dem Austausch der verschiedenen Arten von Erzeugnissen entwickelt sich die gesamte Wirtschaft: Landwirtschaft, Industrie und Handel.

Der Boden ist das Primäre. Er besitzt nicht nur die Fähigkeit, Nahrungsmittel hervorzubringen; er ernährt nicht nur das wilde und zahme Getier; er trägt nicht nur die Hölzer des Waldes — er birgt unter der Oberfläche auch die Schätze der Erze und der Kohle; er läßt in seinen Faltungen die Wasserkraft zustandekommen; er konsumiert und nutzt die Wärmestrahlen der Sonne; und er trägt die glatten Wasser, die dem Verkehr seine Bahnen weisen. Endlich: Er trägt den Menschen und gibt ihm die Möglichkeit, an und auf, in und unter dem Boden zu arbeiten, seine natürliche Fruchtbarkeit anzustacheln und zu fördern, die rohen Erzeugnisse zu verarbeiten, auszutauschen, zu verzehren.

Gewiß, die Arbeit bestimmt das Maß des Bodenertrages, der Tausch den Wert der erzielten Güter. Beide aber haften doch ursprünglich und bis in die letzten Verfeinerungen und Verästelungen hinein an den Formen und Fähigkeiten der Erdoberfläche, an der vertikalen und horizontalen Erdgliederung, an der

Verteilung von Land und Wasser, an der Ertragfähigkeit der äußeren Bodenfläche und der tieferen Erdkruste, an den klimatischen Bedingungen, den Strömungen und dem chemischen Inhalt der übergelagerten Luftschicht.

Je mehr wir uns mit fortschreitender Wirtschafts- und Verkehrstechnik vom Boden freizumachen glauben, um so fester verwurzeln wir tatsächlich im Erdhaften. Und wenn wir innerhalb weniger Tage die ganze Erde körperlich umfliegen, wenn wir uns in wenigen Minuten geistig rund um die ganze Erde verständigen oder doch verständlich machen können, so geschieht es doch nur aus dem durch die heutige Weltwirtschaft erzeugten Verlangen heraus, engste Fühlung auch mit räumlich noch so fernem Boden zu haben, dessen Erzeugnisse wir in irgendeiner Art für die Befriedigung unserer wirtschaftlichen Bedürfnisse brauchen.

Vor allen Systemen der Wert- und Lohntheorie, der Kapitalbildung und der Grundrente, der Arbeitsteilung und des Klassenkampfes sind oder sollten doch sein die ersten Kernfragen der Wirtschaftslehre: Was erfordert die wirtschaftliche Befriedigung der menschlichen Lebensbedürfnisse von dem Boden und der seine Nutzung fördernden Technik? Welches ist der Bedarf an Nahrungs- und Genußmitteln, an Grundstoffen für Kleidung und Wohnung, an Rohstoffen und Kraftmitteln für den Auf- und Ausbau des Verkehrs und für die maschinellen Einrichtungen der Rohstoffgewinnung und der Verarbeitung bis zum menschlichen Konsum? Wo und wie sind die Quellen zu erschließen? Und wie ist der notwendige Austausch zu ermöglichen?

Die weltwirtschaftlichen Zusammenhänge und Abhängigkeiten unseres Zeitalters werden es notwendig machen, beim Eingehen auf diese Fragestellung *vom Weitesten ins Engere zu gehen*, mit dem weltwirtschaftlichen Gesamtbild zu beginnen und ihm die einzelnen volkswirtschaftlichen Gebilde dann einzugliedern. Und zwar aus doppeltem Grunde: in der Sache selbst und in der Mangelhaftigkeit der wissenschaftlichen Hilfsmittel begründetem.

Der sachliche Grund: Es ist nun einmal so, daß — um vom Beispiel der heutigen deutschen Volkswirtschaft auszugehen — auf unserem Boden keine Baumwolle und keine Jute wächst, kein Kaffee, Tee und Kakao, kein Reis, keine Kautschukpalme; daß wir nur dürftige Kupfervorkommen und Erdölquellen haben. Ein

Überblick über die Rohstofferfordernisse unserer gegenwärtigen Lebenshaltung kann also von vornherein gar nicht vorbei an dem Ausblick auf fremde Erzeugungsgebiete.

Der andere Grund: Verhältnismäßig leicht läßt sich mit Hilfe des statistischen Materials ein Bild davon geben, was Deutschland im Verkehr mit fremdem Boden austauscht. (Obgleich auch hier manche Fehlerquellen der amtlichen Anschreibungen zu beachten bleiben.) Unendlich viel schwerer, mit dem vorhandenen Material amtlichen Gepräges nahezu oder ganz unmöglich aber ist es, den innerdeutschen Güteraustausch so übersichtlich und vollständig zu ordnen, daß ein einwandfreies Bild der wechselseitigen Ergänzung der verschiedenen wirtschaftlichen Räume innerhalb Deutschlands entsteht. Wenn in jüngster Zeit Professor Erwin Scheu in Leipzig einen Versuch unternommen hat, über die Unzulänglichkeit der statistischen Hilfsmittel hinweg die Überschuß- und Zuschußgebiete Deutschlands hinsichtlich der verschiedenen Produktionszweige möglichst übersichtlich zu ordnen — was gewiß eine sehr wertvolle Vorarbeit für einen späteren Ausbau der Geoökonomie bedeutet —, so muß er doch einerseits selbst auf Schritt und Tritt die Unzulänglichkeit der wissenschaftlich benutzbaren Quellen und amtlichen Tatsachenfeststellungen beklagen, und gibt anderseits der von ihm gewählte Titel: „Deutschlands wirtschaftliche Harmonie" (F. Hirt, Breslau 1924) Anlaß zu sehr bedenklichen Fehlschlüssen. So begrüßenswert es gerade im Sinne unserer erdhaften Wirtschaftsbetrachtung ist, daß Scheu das hohe Maß von Harmonie zwischen Landwirtschaft und Industrie in Deutschland hervorkehrt, also die einheitliche Grundlage volkswirtschaftlicher Gemeinschaftsinteressen gegenüber den üblichen Feststellungen der trennenden Momente in den Wirtschaftsinteressen aufzudecken bemüht ist, so wenig angebracht ist es doch, in viel zu weitgehendem Maße beim unkritischen, mit dem Gesamtbild der deutschen Wirtschaft nicht genügend vertrauten Leser den Eindruck einer nicht vorhandenen Selbstgenügsamkeit des deutschen Bodens zu erwecken. Wertvoller und sachlich weitaus begründeter wäre es doch wohl, nicht nur die Harmonie darzustellen, in der verschiedenartige Wirtschaftsgebiete Deutschlands durch wechselseitigen Austausch zueinander stehen, sondern auch jene Harmonie der deutschen Wirtschaftsinteressen, die insgesamt in dem Umstande begründet ist, daß wir normalerweise schlechterdings auf allerlei Einfuhr von fremdem Boden angewiesen sind, diese Einfuhr mit den Früchten unserer Arbeit bezahlen müssen und zum Zweck möglichst vorteilhafter Gestaltung der hierdurch bedingten Austauschverhältnisse bedacht sein müssen, als geschlossener Volkswirtschaftskörper und nach vorangegangener Verständigung über die Interessengemeinschaft gegenüber dem Auslande diesem in möglichst starker Verhandlungsposition gegenüberzutreten.

Erdhafte Wirtschaftsbetrachtung, die keine reine Vokswirtschaftslehre und keine reine Weltwirtschaftslehre entwickeln soll, sondern ein Bild der Volkswirtschaft im Rahmen der Weltwirtschaft, wird also füglich zunächst den großen Rahmen zu ziehen haben. Zu untersuchen ist erst einmal die Lagerung der Hauptproduktionsgebiete auf der Erde, das Vorkommen der wichtigsten Waren des Weltverkehrs. Aber nicht nur das Vorkommen, sondern die praktische Nutzung und Nutzungsmöglichkeit. Wir können uns also nicht begnügen mit den Feststellungen der Wirtschaftsgeographie und der Verkehrsgeographie, sondern haben auch die Eignung der Bewohner zur Erschließung der Produktionsquellen und die etwaigen Möglichkeiten äußerer Beihilfe durch menschliche Arbeitskraft oder technische oder finanzielle Erschließung zu erwägen.

Der Frage nach der Hervorbringung der wichtigsten Nahrungsmittel und Rohstoffe des Welthandels folgt die Frage nach der Weiterverarbeitung. Sie ist eng gebunden an die Frage nach den Kraftquellen, so daß also neben den als Kraftquelle dienenden Rohstoffen des Erdinnern (Kohle, Erdöl) gleich von Anbeginn die Kraftquellen der Erdoberfläche (Wasser) und der Luftschicht zu beachten sind. Noch intensiver als bei der Rohproduktion treten hier ferner die Verschiedenheiten des völkerpsychologischen Moments, der Eignung der vorhandenen Bevölkerung für die Verarbeitung, in den Vordergrund. Die Abhängigkeit des Verarbeitungsprozesses von der natürlichen und der menschlichen Energie weist den Weg zur Lösung der Frage, ob und bis zu welchem Stadium das Rohprodukt an der Fundstelle oder anderwärts zu verarbeiten ist. Auch klimatische Einflüsse spielen hierbei eine wesentliche Rolle.

Nach den Fragen der Rohstoffgewinnung und -Verarbeitung die Frage des Absatzes: Wo sind die großen Absatzmärkte der Erde? Wie ist es um ihre Aufnahmefähigkeit bestellt? Welche Entwicklungsaussichten bieten sie? Weitaus entscheidender als die Volkszahl der

Bewohner einzelner Gebiete ist hierbei die Qualität, die Volkspsychologie, der Zivilisationsgrad. Und wiederum die klimatischen Bedingungen. Da ein einseitiger Bezug von Rohstoffen aus fremden Quellen ohne Gegenleistungen natürlich nicht denkbar ist, so steht die Absatzfrage auf keiner geringeren Stufe als die Bezugsfrage, ja, im Hinblick auf den Wunsch nach wachsendem Wohlstand im Rahmen der Volkswirtschaft wird sich der alte merkantilistische Gedanke regen, mehr Werte aus- als einführen zu können. Dabei wird sich allerdings zeigen, daß auch nur ein Gleichgewicht keineswegs immer hergestellt werden kann durch unmittelbaren Austausch in reziprokem Umfange, sondern daß die weltwirtschaftlichen Rechnungen oft auf großen Umwegen zu begleichen sind, da die kaufkräftigen Absatzgebiete ganz anders gelagert sind als die lieferungskräftigen Erzeugungsgebiete. —

Hat die erdhafte Wirtschaftsbetrachtung wenigstens in ganz großen Umrissen den Rahmen der weltwirtschaftlichen Gegebenheiten erkannt, dann kann sie sich daran machen, diesem weiten Rahmen das Bild der Volkswirtschaft des eigenen Landes einzufügen. Das Zusammenschrumpfen der früheren Entfernungen in ihrer Relation zu den heutigen Verkehrsmöglichkeiten, die unentwirrbare Abhängigkeit unseres Wirtschaftslebens vom globalen Ganzen zwingt die Geoökonomie zur Umkehrung des bisherigen Weges von der Privatwirtschaft über die Volkswirtschaft an die Schwelle der Weltwirtschaft. Und in diesem Zwange gerade sehe ich den unschätzbaren Vorzug dieser Art erdhafter Wirtschaftsbetrachtung: Der Weg von der Privatwirtschaft zur Volkswirtschaft führte über den Widerstreit der Einzelinteressen innerhalb der Volkswirtschaft, ließ ihn kraß und beherrschend hervortreten. Der Weg von der Weltwirtschaft zur Volkswirtschaft aber läßt ganz automatisch das volkswirtschaftliche Ganze als eine Einheit mit Gemeinschaftsinteressen gegenüber der Weltwirtschaft erkennen. Er führt uns zu der Einstellung, deren wir zur inneren Gesundung so dringend bedürfen.

## 2. Einige Daten.

Beim heutigen Stande west- und mitteleuropäischer Bevölkerungsdichte und Zivilisation muß die weltwirtschaftliche Verquickung als eine Grundtatsache hingenommen werden. Europa hat sich, seitdem vor etwa 450 Jahren erst das Entlangtasten an der westafrikanischen Küste, dann weiterhin die Durchsegelung des Atlantischen Ozeans, beides mit dem Zweck der Auffindung des Seeweges zu den unermeßlichen Schätzen Indiens begonnen, nach und nach die anderen vier Erdteile mit Ausnahme der übervölkerten Gebiete der mongolischen Rasse in Ost- und Mittelasien tributpflichtig gemacht. Es hat ganz Amerika, Australien und die Inselwelt des Stillen Ozeans politisch erobert und wirtschaftlich erschlossen, Afrika, von dem nur der nördliche Rand bereits im europäischen Gesichtskreis gelegen, in fast restloser Ausdehnung der Kolonialpolitik unterworfen, Nordasien auf dem Land- und Südasien auf dem Seewege sein eigen gemacht. Seither ist es mit allen diesen Ländern wirtschaftlich verwachsen, und wenn auch riesige Gebiete sich inzwischen politisch selbständig gemacht haben, so wurden die witrschaftlichen Verbindungen in der Folgezeit nach deren freiem Emporblühen doch nur noch enger. Nur China hat im Verhältnis zu seiner gewaltigen Ausdehnung und Volkszahl bis in die heutige Zeit nur einen sehr geringen Anteil am Austauschverkehr mit Europa und wäre seinerseits recht wohl in der Lage, in der alten Abgeschlossenheit von der Welt zu verharren.

So ist es also vom Standpunkte des Beobachters in Kultureuropa aus heute gar nicht möglich, die Vorgänge der Wirtschaft zu überschauen, ohne von den weltwirtschaftlichen Verbindungen und wechselseitigen Ergänzungen auszugehen.

Wirtschaft entsteht aus den Lebensbedürfnissen. Diese erstrecken sich in der großen Hauptsache auf Nahrung, Kleidung und Wohnung nebst den Werkzeugen zu ihrer Verfertigung.

Und Wirtschaft entsteht auf dem Boden. Der Boden liefert zur Deckung des Bedarfs an Nahrung, Kleidung und Wohnung: Pflanzenstoffe, Tiere und Mineralien. Das Pflanzenreich stellt die Hauptmasse der Nahrungs- und Genußmittel zur Verfügung. Es bietet ferner den größeren Teil des Kleidungsbedarfs: Baumwolle und Flachs. Und endlich das Holz für Wohnungsbau, Wohnungseinrichtung und Heizung. Das Tierreich schafft den Rest der Nahrungs- und Genußmittel und gleichfalls große Deckungsmöglichkeiten des Bedarfs an Kleidung (Wolle, Seide, Leder). Das Mineralreich endlich gibt die Rohstoffe her für die Schaffung der Werkzeuge, für Bauzwecke, für Heizungs- und

Beleuchtungszwecke, für die modernen Verkehrsmittel und ihren Betrieb.

Nun besteht ein grundlegender Unterschied zwischen der lebenden Pflanzen- und Tierwelt und der toten Welt der Erden und Gesteine: Jene Erzeugnisse wachsen nicht nur immer wieder neu, sondern lassen sich auch vermehren und auf fremden Boden verpflanzen. Diese sind an die natürlichen Fundorte gebunden und unvermehrbar. Der wirtschaftende Mensch muß also zu ihnen gehen, wenn er sie dem Boden abringen will, während er Pflanzen (Saatgut) und Tiere zu sich kommen lassen und sie auf den ihm passenden Boden zu neuer Vermehrung führen kann. So haben die Hauptfundorte von Kohle und Erzen unter der Erde eine sehr dichte Bevölkerung an sich gezogen, die ihre Lebensbedürfnisse durch die tierischen und pflanzlichen Erzeugnisse über der Erde in dem gleichen Bezirk nicht decken kann. Umgekehrt ergeben sich Überschüsse an tierischen und pflanzlichen Erzeugnissen vornehmlich gerade bei dünner Bevölkerung, die weit über den eigenen Konsum hinaus von breiter Bodenfläche Produkte dieser Art gewinnen kann.

Wo sich die Menschen um Kohle und Erze zusammenballen, entsteht aber nicht nur ein entsprechend großer Bedarf an Nahrung und Wohnung, sondern auch an Kleidung und an Verkehrsmitteln für den Austausch. Da obendrein die Kohle auch den nötigen industriellen Betriebsstoff liefert, so gesellen sich zu den Industriegebieten der Kohlegewinnung und Erzverarbeitung auch solche Anlagen, die Textilstoffe fremder Herkunft verarbeiten, zumal in den Gewinnungsgebieten Klima oder Kulturstand oder Bewohnerzahl oder alle drei Faktoren zusammen der unmittelbaren Verarbeitung nicht günstig sind. Es häuft sich also in diesen Ländern der Aufbau industrieller Betriebe und das Bedürfnis nach Zufuhr von fremdem Boden. Damit sie aber diesen Zufuhrbedarf decken (bezahlen) können, müssen sie auf ihren Wirtschaftsgebieten über den Eigenbedarf hinaus produzieren und der notwendigen Einfuhr eine entsprechende Ausfuhr entgegenstellen. Um den hiernach nötigen Absatz sicherzustellen, wird es oft erforderlich werden, wirtschaftliche Bedürfnisse durch allerlei suggestive Mittel erst künstlich zu schaffen — wie beim Beginn des Austauschverkehrs mit dem inneren Afrika von den Händlern, die Elfenbein oder Palmkerne eintauschen sollten, den Häuptlingen Branntwein und allerlei Tand erst als begehrenswert vorgeführt werden mußte.

Welches sind nun die Hauptwaren des Weltverkehrs, auf deren Austausch auch unsere deutsche Volkswirtschaft besonders angewiesen ist? Es muß vorweg bemerkt sein, daß sie nicht mit den Hauptwaren der Weltproduktion zusammenfallen. Während beispielweise die asiatische Reisproduktion, die mehr als einem Drittel der Erdbewohner das weitaus wichtigste Nahrungsmittel liefert, an Gesamtmenge kaum hinter der Weltweizenernte zurückstehen dürfte, spielt der Reis im Welthandel eine ungleich geringere Rolle als der unter den gesamten Nahrungsmitteln hier weit im Vordergrunde stehende Weizen. Hauptproduktionsgebiete an Weizen (Welternte im Durchschnitt der letzten Jahre vor dem Kriege über 100 Millionen Tonnen) waren Rußland, Vereinigte Staaten, Frankreich, Britisch-Indien, Italien, Ungarn, Argentinien, Kanada und Deutschland mit einer Abstufung von je fast 20 bis kaum 4 Millionen Tonnen. Die Reihenfolge der Hauptausfuhrländer aber war eine wesentlich andere — bedingt durch den stärkeren Überschuß der dünner bevölkerten Länder mit entsprechend geringerem Eigenkonsum —, nämlich: Kanada, Rußland, Argentinien, Vereinigte Staaten, Britisch-Indien, Rumänien, Australien.

Nächst dem Weizen ist der Zucker das größte Objekt des internationalen Nahrungsmittelaustauschs, und zwar sowohl das tropische Erzeugnis des Zuckerrohrs, wie das dem gemäßigten Klima entstammende der Zuckerrübe. Die Welterzeugung von Rohr- und Rübenzucker betrug vor dem Kriege im Jahresdurchschnitte je 8 Millionen Tonnen. Hauptproduzenten waren Britisch-Indien, Deutschland, Kuba, Rußland, Österreich-Ungarn und Java. In der Ausfuhr standen Niederländisch-Indien, Deutschland und Österreich-Ungarn ganz nahe beieinander. — Der Kaffee, dessen Markt Brasilien beherrschte, stand an der dritten Stelle unter den mit den bedeutendsten Werten umgesetzten Welthandelsartikeln des Nahrungs- und Genußmittelmarktes.

Unter den Rohstoffen für das Bekleidungswesen gebührt der erste Welthandelsplatz der Baumwolle, wobei ununtersucht bleiben muß, ob das Bild des Weltkonsums sich nicht stark zugunsten der Wolle verschieben würde, wenn sich der Eigenkonsum in den Ländern der Weltproduktion ermitteln ließe. An den 4,5 Millionen Tonnen

Jahresproduktion von Rohbaumwolle partizipierten die Vereinigten Staaten mit mehr als der Hälfte, Britisch-Indien, das asiatische Rußland und Ägypten folgten in weitem Abstand. Der Absatzmarkt wurde in noch viel stärkerem Maße von den Vereinigten Staaten beherrscht; in der sonstigen Baumwollausfuhr trat dem Werte nach Ägypten vor Britisch-Indien, indessen die russische Baumwolle gar nicht auf den Weltmarkt kam, sondern nach dem europäischen Rußland ging. Mit Wolle belieferten Australien, Südamerika und Südafrika den Weltmarkt. Die starke Produktion Südosteuropas und Vorderasiens wurde im Lande verbraucht oder als Fertigfabrikat (Teppiche!) auf den Markt gebracht. Neben der Seide Ostasiens und Italiens dürfen auch nicht die Häute und Felle aus Rußland und Amerika vergessen werden.

Verweilen wir noch bei den Erzeugnissen des lebenden Naturreichs, so ist vornehmlich an die Holzversorgung der zuschußbedürftigen Gebiete aus Nordamerika, Rußland, Österreich-Ungarn und Skandinavien nebst Finnland zu erinnern, daneben an die Palmenprodukte, unter denen der Kautschuk aus den Amazonenwäldern an der Spitze steht.

Das tote Reich der Erdkruste gibt einen der wichtigsten Weltwirtschaftsartikel in der Kohle her. An 1$^{1}/_{3}$ Milliarden Tonnen Gesamtproduktion waren die Vereinigten Staaten mit über 500, England mit fast 300, Deutschland mit annähernd gleicher Menge beteiligt. Hauptlieferant des Weltmarktes war aber England, wogegen die Vereinigten Staaten als sehr starke Eigenkonsumenten — man braucht nur an das große Verkehrsnetz zu denken! — hinter dem Ausfuhrüberschuß Deutschlands zurückstanden. Neben der Kohle erobert sich das Erdöl als Brenn- und Betriebsmaterial einen immer wichtiger werdenden Markt, sind doch seine Destillate unentbehrlich für den modernen Verkehr der Automobile, Flugzeuge, Luftschiffe und die U-Boote. Die Produktion stieg von 52 Millionen Tonnen im Jahre 1913 (Vereinigte Staaten 33, Rußland 9, Mexiko 3,7, Rumänien 1,9, Niederländisch-Indien 1,5, Galizien 1,1, Britisch-Indien 1, Japan 0,3, Deutschland 0,1) über 67 Millionen 1918 auf 90 Millionen 1920 (Vereinigte Staaten 67, Mexiko 21, Rußland 4, Niederländisch-Indien 2,1). Trotz sehr gesteigertem Eigenbedarf sind die Vereinigten Staaten weitaus größte Belieferer des Weltmarkts geblieben.

Unter den Erzen wurde nur das Eisenerz, dessen Hauptproduzenten die Vereinigten Staaten, Deutschland, Frankreich, England, Spanien, Rußland und Schweden waren, in erheblichen Mengen unverarbeitet verschifft, und zwar vornehmlich von Spanien und Schweden nach England und Deutschland. Groß ist die Abhängigkeit der heutigen Industrie (Elektrizität!) vom Kupfer, in dem die Vereinigten Staaten den Markt beherrschen.

Deutschland für sein Teil war vor dem Kriege mit einer Ein- und Ausfuhr im Gesamtbetrage von über 20 Milliarden Mark an den Welthandel gebunden, und zwar war die Ausfuhr einer Deckung der Einfuhr ganz nahe gekommen. Als Haupteinfuhrgruppen (dem Werte nach) sind hervorzuheben: An Baumwolle, Wolle, Seide und Flachs rund $1^1/_2$ Milliarden Mark, Getreide und Reis (nach Abzug der Getreideausfuhr) etwa 1 Milliarde, Häute und Felle 500 bis 600 Millionen, Holz 300 bis 400, Kupfer über 300, Kaffee 250, Butter und Schmalz 250, Palmkerne und Kautschuk je 200. Dagegen betrug die Ausfuhr an Eisenwaren und Maschinen fast 2 Milliarden, an Baumwoll- und Wollwaren rund 1 Milliarde, an Chemikalien und Farbstoffen über 800 Millionen, an elektrotechnischen Erzeugnissen 250 Millionen.

Der Kriegsausgang mit all seinen Begleit- und Folgeerscheinungen hat das Bild für uns wesentlich verändert, und zwar im Sinne einer weit gesteigerten Abhängigkeit vom Weltmarkt bei vermehrtem Einfuhrbedarf und verringerter Möglichkeit, Gegenwerte auszuführen. Bei Kriegsausbruch umfaßte Deutschland ein Gebiet

von rund 542600 qkm mit 68 Millionen Einwohnern,<br>
heute 472000 qkm mit 62 Millionen Einwohnern,<br>
davon besetztes Gebiet 36000 qkm mit 10 Millionen Einwohnern.

Von der männlichen Gesamtbevölkerung standen 1914 im besten Arbeitsalter von 20 bis 45 Jahren 60%, heute nur 55%, ungerechnet die im Jahre 1923 auf über 100000 Köpfe angeschwollene Auswanderung. In der Landwirtschaft lebt heute höchstens noch ein Viertel der Berufstätigen, in Bergbau und Industrie fast die Hälfte. Handel und Verkehr beschäftigen jetzt mehr als halb so viel Leute wie die Landwirtschaft! Wir haben über 15% des Ackerlandes verloren, 18% des Rübenbodens. Die Hektarerträge sind um 20 bis 25% gesunken (verringerte Arbeitsleistung, Unmöglichkeit, den nötigen künstlichen Dünger zu beschaffen usw.). Der Bestand an Rindvieh hat sich um 12% verringert (Milchversorgung!), wogegen der Bestand an Schafen um 12, an Ziegen gar um 31% gestiegen ist — ein höchst ungünstiges Zeichen für Übergang der Landwirtschaft zu extensiverem Betrieb, d. h. geringerer Nutzung des Bodens für hohe Ackerbaukultur. Je 26% unserer Kohle- und Bleierzvorkommen, 68% der Zinkerze und 75% der Eisenerze haben wir durch die Gebietsabtretungen verloren. Unsere bisherigen Leistungen an Kriegsentschädigung jeder Art belaufen sich mindestens schon auf das Zwanzigfache der Summen, die Frankreich nach 1870-71 aufzubringen hat, unser Gesamtverlust an Volksvermögen auf mindestens die Hälfte des Vorkriegsbestandes.

In welcher Weise die Verarmung Deutschlands auf die Länder zurückwirkt, die an ihr die Hauptschuld tragen, davon zeugt die gesunkene Aufnahmefähigkeit des deutschen Marktes für die Ausfuhrprodukte jener Länder. Von der Gesamtausfuhr der nachbenannten Staaten gingen nach Deutschland in Prozenten:

| | 1913 | 1922 |
|---|---|---|
| Belgien | 25,3 | 13,9 |
| Vereinigte Staaten | 14,2 | 8,2 |
| Italien | 18,7 | 10,4 |
| Frankreich | 12,6 | 8,5 |
| England | 9,5 | 5,9 |

Die mannigfache Einengung der deutschen Wirtschaftsbasis hat zur notwendigen Folge, daß auf unserem ohnehin knappen und kargen Boden nur eine erheblich geringere Menschenzahl als früher sich ernähren kann, oder daß die Lebenshaltung tief herabgedrückt wird, oder daß wir (bei schlechterer Ernährung) sehr viel angestrengter arbeiten müssen als früher —bzw. es vereinigen sich alle diese drei Folgen zu einem traurigen Nebeneinander: Weniger Menschen, die schlechter leben als früher, aber viel stärker frohnen müssen — im Dienste des Auslandes. Der feindländische Kapitalismus profitiert heute vom Schweiß jener deutschen Arbeiter, die da glaubten, die deutsche Waffe stumpf machen oder nach innen kehren zu müssen, um den deutschen Kapitalismus niederzuhalten. Deutlicher konnte der Beweis für die nationalwirtschaftlichen Gemeinschaftsinteressen nicht erbracht werden, als es hierdurch wider

Willen und zum Unsegen des ganzen deutschen Volkstums unter den Einflüssen einer Wirtschaftsauffassung geschehen ist, die sich vom Boden der Wirklichkeit in das Reich der Utopie verloren hatte.

Jetzt aber sind wir nun einmal miteinander auf diese neue, schmale Grundlage gestellt worden und kommen nicht an der zwingenden Notwendigkeit vorbei, unser kärgliches Leben darauf einzustellen und auch unser wirtschaftliches Denken so umzuformen, daß wir die neuen Grundsätze für die neuen Arbeitsnotwendigkeiten finden. Wir müssen also auf der einen Seite ausgehen von unserer unabweisbaren Verquickung mit dem Weltmarkt, anderseits aber erkennen, daß es unbedingt geboten ist, uns durch diese Verquickung nicht verfklaven zu lassen.

Vielerlei ist dazu erforderlich: Unter keinen Umständen dürfen wir uns noch abhängiger machen von ausländischer Nahrungsmittelzufuhr, sondern müssen jedes Mittel nutzen, unsere Landwirtschaft so intensiv wie möglich zu gestalten, aus dem eigenen Boden mit allen Mitteln der Technik herauszuholen, was ihm irgend abzutrotzen ist. Weiter aber muß auch auf allen anderen Gebieten auf jede entbehrliche Zufuhr verzichtet werden. Sorgfältigst muß der Weltmarkt auf die billigsten und praktisch zugänglichsten Rohstoffquellen untersucht werden. Die Verarbeitung der Rohstoffe hat wiederum mit dem Höchstmaß der Technik, aber auch mit höchster Anspannung der menschlichen Arbeitskraft zu geschehen. Dabei sind die Unkosten so niedrig zu halten, daß unsere Wettbewerbsfähigkeit auf dem Weltmarkt nicht unterbunden wird. Das Mißverhältnis, daß Handel und Verkehr (durch Überbesetzung entbehrlicher Glieder eines Kettenhandels verursacht) halb so viel Berufstätige beschäftigt, wie die ganze Landwirtschaft, ist unerträglich.

Kein Streit der gesunden, notwendigen, das volkswirtschaftliche Ganze fördernden Erwerbsstände; kein Streit der Kopf- und Handarbeiter, der Erschließer und der Nutzer von Arbeitsgelegenheit — sondern Erkenntnis unserer gemeinsamen, ungeheueren Bedrängnis und des Erfordernisses, zu ihrer Überwindung alle Kräfte gemeinsam einzusetzen. Nur auf dieser Gemeinschaftsbasis können wir uns am Leben erhalten.

### 3. Geoökonomie und Sozialpolitik.

Nun erst, nachdem wir in weiterer Ausführung des oben Skizzierten den weltwirtschaftlichen Rahmen und das einheitlich zusammengefaßte Bild der Volkswirtschaft des eigenen Landes kennen gelernt, nachdem wir die den Zusammenhalt in Gemeinschaftsinteresse gegenüber der Abhängigkeit vom Weltmarkt erkannt haben, können wir uns einlassen auf die innere Gliederung der Volkswirtschaft. Nun erst vertragen wir ohne Schaden den Blick in die inneren Widerstreite, ohne sie fälschlich zu dem überragend Wichtigen zu erheben. Jetzt werden wir nicht mehr in einem ganz dünnwandigen Holzhaus mit schweren Geldschränken Fangball spielen, sondern in einem massiven Bau, dessen Sicherungsbedürfnis gegenüber der Außenwelt wir genugsam erkannt haben, in aller gelassenen Sachlichkeit über die passendste Anordnung der Möbel sprechen können.

Als ich gegen die Jahrhundertwende an der Berliner Universität meine nationalökonomischen Studien beendete, zogen sich meine hochverehrten Lehrer, Schmoller, Sering, Wagner usw., den Spitznamen der „Flottenprofessoren" zu, weil sie lebhaft in Wort und Schrift für die Stärkung der deutschen Seemacht eintraten. Ich selbst hatte nicht unbeträchtlichen Anteil an dem damals erschienenen 1. Jahrgang des „Nauticus" (Jahrbuch für Deutschlands Seeinteressen), pilgerte auch als Diskussionsredner in sozialdemokratische Versammlungen gegen die Flottenvorlagen, war also einigermaßen „im Bilde". Zu jener Zeit war das Stichwort meiner Lehrmeister: „Sozialpolitik durch Machtpolitik". Mit anderen Worten: Es herrschte die Überzeugung, daß nur äußere Sicherung und Geltung innere Volksförderung verbürgen könne. Und Bernhard Harms, der mir aus frühen Leipziger Semestern befreundete Begründer der Weltwirtschaftslehre, bekannte sich zu dem Satz: „Erfolgreiche auswärtige Wirtschaftspolitik als Vorbedingung fortschreitender Sozialpolitik." Der indirekte Beweis für die Richtigkeit dieser Auffassungen wurde erbracht, als der von keinem anderen Lande erreichte Bau der deutschen Sozialpolitik im Augenblick unseres entscheidenden Verlustes an äußerer Macht in allen Fugen barst.

Also erst: Äußere Wirtschaftssicherung — dann innere Auseinandersetzung über jene nationalökonomischen Lehrmeinungen, die mit ihrem mehr oder weniger stark sozialpolitischen Einschlag das Gefahrenmoment bergen, nicht die äußere Wirtschaftsfront zu stärken, sondern den inneren Zwist zu fördern.

Immer wieder einmal den Blick durch die Fenster des volkswirtschaftlichen Gebäudes nach draußen richtend, um dorther drohendes Unheil rechtzeitig zu erspähen, können wir uns nun also den Fragen der inneren Wirtschaftsordnung zuwenden. Wie gliedern sich die wirtschaftlichen Betriebe? Wie ist der Produktionsgang? Was leisten die schaffenden Menschenkräfte, sowohl die „Unternehmer", die für Arbeitsgelegenheit sorgen — und sei es noch so sehr im eigenen Profitinteresse! — wie die „Arbeitnehmer", die sich an der Nutzung der erschlossenen Arbeitsgelegenheit beteiligen? Was verdienen sie? Wie ist es um ihre Konsumkraft bestellt? Welches Interesse liegt vor — durchaus nicht nur bei den Arbeitnehmern, sondern ebensogut bei den Leitern der Produktionsbetriebe, beim Landwirt, beim Kaufmann, überall — diese Konsumkraft zu steigern? Auf welchen Wegen ist die Hebung der Konsumfähigkeit zu ermöglichen?

Die Durchprüfung dieser Fragen wird dahin führen, daß Kapitalbildung notwendig ist, um die Einrichtungen zu schaffen, auf Grund deren auch eine Konsumsteigerung durchführbar ist. Und wenn wir die wirtschaftlichen Vorgänge von dieser Seite aus betrachten lernen, dann werden wir inne, daß also das Kapital nicht als giftige Frucht der Massenausbeutung, sondern als Mittel zum Zweck der Massenhebung, als fruchtbarer Boden für eine aufsteigende Arbeiterschaft bewertet sein will.

Wie wir uns in der Politik darauf einstellen sollten, die äußere Sicherung, die Sammlung der Kräfte zum einigen Block gegenüber fremden Eingriffen, über die Divergenzen der inneren Parteipolitik zu stellen, so gebührt auch in der Wirtschaft das Primat der äußeren Wirtschaftspolitik, in der wir möglichst geschlossen aufzutreten haben, vor den inneren Wirtschafts- und Klassenkämpfen. Gemeinsam müssen wir dem Boden, der uns trägt, das Beste abzuringen suchen, gemeinsam unsere Geschäfte mit den Herren fremden Bodens regeln, die für uns als Rohstoff- oder Absatzmärkte nicht zu entbehren sind.

Erdhafte Betrachtungsweise, das Ausgehen von den natürlichen Grundlagen und nationalen Lebensbedingungen, wird uns diese

Forderungen nie vergessen lassen, weder in der Politik, noch in der Wirtschaft.

Die vom Boden losgetrennte Wirtschaftstheorie, die das Werteschaffen nur in der Arbeit sehen wollte und von den Voraussetzungen des Werteschöpfens aus dem Boden mehr oder weniger abstrahierte, hat die Gemeinschaftsinteressen bei Seite geschoben und den Klassenkampf zur höchsten Aufgabe gemacht. Daß es innerhalb der nationalen Wirtschaft stets einen Klassenkampf gegeben hat und geben wird, ist eine durchaus natürliche Erscheinung. Unnatürlich aber ist die Überordnung dieser inneren Auseinandersetzung über die äußere Sicherung der volkswirtschaftlichen Gesamtinteressen, unnatürlich besonders die Idee, daß sich die ganze Handarbeiterklasse der Welt zusammenfinden werde, um gleichzeitig gegen die unter sich so vielfach widerstreitenden nationalwirtschaftlichen Interessen anzurennen. Dieser Irrtum ist nach der deutschen Revolution von 1918 genugsam offenbar geworden. Die Schichten, von denen diese Revolution gemacht wurde, waren großenteils innerlich schon viel zu sehr verbürgerlicht, viel zu überzeugt von der Unmöglichkeit einer jähen Durchführung der marxistischen Grundsätze, als daß sie mehr als eine stärkere Beteiligung an der Staatsgewalt hätten erstreben mögen[1]). Und die praktische Erfahrung hat schließlich nur bestätigt, was ich in großen Zügen bereits im Jahre 1898 in Conrads „Jahrbüchern für Nationalökonomie und Statistik" vorausgesagt. Dort führte ich damals am Schluß einer Abhandlung über das Slawentum in Preußen aus, daß bei fortschreitender Verbürgerlichung der gelernten Arbeiterschaft, die letzten Endes zur Angleichung des vierten Standes an die bisher oberen Stände führen müsse, ein fünfter Stand der niederen Arbeiterschaft sich mit neuen Klassenkampfgelüsten melden werde, und daß seine Stammtruppen östlicher Herkunft sein würden. Diese Betrachtung stützte sich auf die Millionen proletarischer Slaven in der Arbeiter-

[1]) Bei dieser Gelegenheit möchte ich einmal geschichtlich festhalten, wie sich mir bei Beobachtung aus ziemlicher Nähe die deutsche November-Revolution darstellte. Diese persönlichen Eindrücke sind vielleicht insofern nicht ganz belanglos, als sie einen Beitrag bilden zur Beurteilung der Stoßkraft der damals an die Oberfläche getragenen volkswirtschaftlichen Theorien außerhalb der ganz besonderen Verhältnisse Rußlands.

Ich gehe aus von jener kennzeichnenden Episode in einer großen staatswissenschaftlichen Vereinigung der Reichshauptstadt: In dieser durchaus über-

schaft und im Kleinbauerntum Deutschlands. Heute haben wir diesen fünften Stand in Gestalt der ungelernten und der jugendlichen Arbeiter, die zwar unverdient viel verdienen, aber auch kein Maß in ihren Ansprüchen an die Lebenshaltung kennen und auch mit den höchsten Löhnen ihren Bedarf an 10-Pfennig-Zigaretten nur schwer zu decken vermögen. Zustrom finden sie aus den Kreisen

---

parteilichen Versammlung wurde einige Monate vor dem Umsturz ein Gewerkschaftsführer im Verlauf einer sozialpolitischen Aussprache vor die Frage gestellt, was denn nun wirklich praktisch geschehen solle im Falle plötzlicher Eroberung der staatlichen Macht durch den Sozialismus. Die treuherzige Antwort lautete: „Dann müßten wir uns einfach aufhängen; denn zur praktischen Durchführung unserer theoretischen Grundsätze von heute auf morgen wären wir selbstverständlich nicht vorbereitet."

Am Vorabend der Revolution sagte mir der Abgeordnete Dr. Stresemann: „Es bleibt uns nichts anderes übrig als Scheidemann zum Reichskanzler zu machen; denn sonst wird es noch viel schlimmer — dann kommt Ebert." Scheidemann, das hieß nämlich in jenen Stunden die Erhaltung der monarchischen Staatsform, sogar die Erhaltung der Hohenzollern-Dynastie, allerdings ohne Gottesgnadentum. Der Wilhelminische Zweig sollte nach Scheidemanns Forderung abdanken und als Thronkandidat Scheidemanns wurde der studierte Verwaltungsbeamte Prinz Friedrich Wilhelm von Preußen, einer der Söhne des Prinzen Albrecht, betrachtet. Ebert aber, das hieß die Republik. Als nun Prinz Max von Baden durch die unwahre Erklärung, daß der Kaiser seine Abdankung vollzogen habe, das Chaos schuf, und tatsächlich dem Abgeordneten Ebert die Zügel in die Hand gab, blieb auch dem Abgeordneten Scheidemann nichts anderes übrig, als vom Reichstag aus die deutsche Republik auszurufen, da es vom Schloß aus der scharfe Konkurrent Liebknecht tat.

Der momentane Machtrausch wurde doch recht wesentlich gedämpft durch die klare Einsicht in die Tatsache, daß eine plötzliche Durchführung der marxistischen Grundsätze durchaus untunlich erschien, und die sofort einsetzenden Bemühungen gewisser bürgerlicher Kreise in Berlin, einen weiteren Linksabrutsch der Revolutionsbewegung durch aktives Eingreifen nach bestimmten Richtungen, insbesondere durch Fürsorge für die damalige Truppenkörper in Berlin und Umgegend, zu verhindern, fanden durchaus verständnisvolle und freundliche Aufnahme seitens der neuen sozialdemokratischen Machthaber. Ja, der sozialdemokratische Ministerpräsident Preußens, der eineinhalb Jahrzehnte zuvor sozusagen mein Untergebener gewesen (er gehörte als Stenograph zum parlamentarischen Bureau der Nationalzeitung, deren Chefredakteur ich war), sagte mir, dessen von Grund auf andere Einstellung ihm recht wohl bekannt war, am zweiten Tage nach der Revolution beim Frühstück im Hotel Adlon: „Herr Dix, kommen Sie doch zu uns. Wir brauchen die Intelligenz". Und durch mein Kopfschütteln unbeirrt, fuhr er fort: „Überschlafen Sie sichs und telephonieren Sie mich morgen an, welchen Regierungsposten Sie übernehmen wollen." Man war zwar festgelegt auf die Theorie des Sozialismus und wußte vor den Massen der Gefolg-

der durch eigenes Verschulden und der aufs höchste bedauerlichen unverschuldet Erwerbslosen. Die Kerntruppen aber sind in noch viel stärkerem Maße, als ich es vor 26 Jahren vorausgesagt, östlicher Herkunft, denen durch die Auswirkungen sowohl der russischen wie der deutschen Revolution der Weg zu uns geöffnet wurde.

Ganz anders zu bewerten ist m. E. die bolschewistische Umwälzung in Rußland schon aus dem Grunde, weil der Boden Moskaus in das asiatische Gesichtsfeld gehört. Wenn der Unterdrückte dieses Kulturkreises zur Macht gelangt, dann wird auch er zum asiatischen Despoten, der ganz anders im Blut schwelgt, als es einem Deutschen mit seinem immer noch glimmenden Funken von Sentimentalität, Ordnungsliebe, Pflichtgefühl und — trotz aller internationaler Redewendungen — doch auch Heimatliebe und Vaterlandsliebe ausdenkbar ist. Wenn aber der asiatisch eingestellte Mensch das Bibelwort (Ev. Luk. 1. Kap. 52-53): „Er stößet die Gewaltigen vom Stuhl und erhebt die Niedrigen; die Hungrigen füllet er mit Gütern und läßt die Reichen leer" auf seine Art verwirklicht — was kommt dann schließlich anderes heraus, als eine Umkehrung der früheren Verhältnisse, Despotismus der einen, Knechtung der anderen, Bereicherung jener, Verelendung dieser, nur in neuer Rollenverteilung?! Auf diesem Wege wird — überschaut

---

schaft weiter voll und ganz für sie eintreten, war aber, zumal nach den praktischen Erfahrungen, die drüben in Rußland bereits gesammelt worden waren, doch in den führenden Kreisen innerlich im Augenblick des Machtgewinns doch schon reichlich stark „verbürgerlicht".

Als die Republik dann im Jahre 1922 ihren Verfassungstag beging und der Reichspräsident „Deutschland, Deutschland über alles" zur Nationalhymne machte, beglückwünschte ich ihn am Abend des 11. August im Staatlichen Schauspielhaus zu diesem Schritt mit der Frage, wann die Beseitigung des zweiten Ärgernisses, die Rückkehr zur Flagge Schwarz-weiß-rot, folgen werde. Darauf bedeutete er mich, daß ihm schon das Bemühen um den ersten Schritt im eigenen Lager eineinhalb Jahre lang genug Mühe und Ärger gekostet hätte, fügte aber hinzu: „Sie können mir glauben, daß niemand besser als ich, der täglich mit ausländischen Diplomaten zu verkehren hat, weiß, wie sehr dem deutschen Volke nach außen hin der Mangel eines einheitlichen Nationalgefühls schadet".

Kleine Episoden, die aber doch mit scharfen Schlaglichtern praktische Erkenntnisse und praktisches Umbauen alter Vertreter der Theorie des Sozialismus und Internationalismus beleuchten, was nach außen hin mit Rücksicht auf die alte Gewöhnung der geführten Massen und den scharfen parteipolitischen Wettbewerb der Kommunisten weit weniger zur Erscheinung kommt.

man das nationalwirtschaftliche Ganze — viel zerstört und nichts gebessert. Für Rußland war die Folge des Experiments ein mehrjähriges Ausscheiden aus der Weltwirtschaft und grenzenloses Elend im Innern. Anderen Ländern, die den gleichen Weg gingen, würde die gleiche Erfahrung nicht erspart bleiben.

Volkswirtschaft und Sozialpolitik lassen sich nicht ungestraft über Nacht von Grund aus nach den Lehren einer abstrakten Theorie umwälzen. Wer nicht lediglich zerstören, sondern organisch fortentwickeln will, darf die Dinge nicht anders als erdhaft betrachten. Ein praktisches Beispiel aus den Beobachtungen der letzten Jahre:

Als die neuen Staatengebilde in Europa abgezirkelt waren, gab es namentlich in den Südoststaaten mancherlei sogenannte Agrarreform. Teilweise kam es dabei den Siegern von Versailles nur darauf an, die nationalen Minderheiten um ihren Grundbesitz zu bringen und die Grenzmarken zwangsweise dem herrschenden Volkstum auch auf diese Weise einzuverleiben (Tschechei, Groß-Serbien). Teilweise aber mußte auch sozialen Forderungen des eigenen Volkes Gehör geschenkt werden (z. B. Rumänien). Nun wird gewiß jeder Kenner zugeben, daß kaum irgendwo die herrschenden Formen des Großgrundbesitzes mit dem üblen System der General-Zwischenpächter so reformbedürftig waren wie hier. Aber der plötzliche Übergang eines Bodens, der ganz für landwirtschaftlichen Großbetrieb geschaffen erscheint, in die Hand technisch völlig ungeübter, jeder Kapitalkraft ermangelnder Kleinbauern war gesamtwirtschaftlich ein Verhängnis. Man hatte eben auch hier nur eine sozialpolitische Theorie im Auge, aber nicht die natürlichen Bodenbedingungen und die Eignung der Bewohner.

Auch für Deutschland ist das Schlagwort: „Bauerngut an Bauerngut von den Alpen bis an die ostpreußische Grenze", wie in diesem Zusammenhang bemerkt sein mag, lediglich ein Schlagwort, das ohne erdräumliches Denken geprägt ist. Die Natur zeichnet uns ganz genau vor, wo zwischen Rhein und Memel der landwirtschaftliche Klein-, Mittel- und Großbetrieb am zweckmäßigsten ist. Ohne östlichen Großbetrieb der Roggen-, Kartoffel- und Rübengewinnung wären wir im Kriege aus dem Stadium der Entbehrungen in das des buchstäblichen Verhungerns geraten. Man blicke, um die Wirkung natürlicher Bodenbedingungen zu erkennen, nur nach unserem alten Westpreußen, wo scheinbar unvermittelt

Bezirke reiner Bauernwirtschaft neben denen ausgedehnten Großgrundbesitzes standen. Tatsächlich erfordert zur rationellen Nutzung der dortige Boden in der Hauptsache den Großbetrieb, wogegen das überaus fruchtbare Danziger Werder naturgegebenes Bauernland darstellt.

Mag nun auch die erdhafte Einstellung bei der Betrachtung der landwirtschaftlichen Dinge ohne weiteres einleuchten, so wird es vielleicht schwerer erscheinen, den gleichen Standpunkt gegenüber der Industrie zu wahren. Gewiß, daß die Gewinnung von Kohle und Erzen an die Fundorte gebunden ist, versteht sich von selbst. Aber was hat über den Bergbau hinaus die verarbeitende Industrie, die ihre Rohstoffe vielleicht aus fernen Landen holt und auch ihren Absatz großenteils im Auslande sucht, mit der erdhaften Einstellung zu tun?

Nun, zunächst einmal spielt auch bei jeder Art verarbeitender Industrie die Frage des Standortes eine erhebliche Rolle: Die Verkehrslage, die mechanischen Kraftquellen, die Eignung der ansässigen Bevölkerung. Des weiteren steht ein jedes industrielle Unternehmen im großen Rahmen der gesamten Volkswirtschaft, ist mit abhängig von deren allgemeiner Lage und der ganzen äußeren und inneren Wirtschaftspolitik. Und endlich gelten auch allen wirtschaftlichen Unternehmungen gegenüber, ob sie nun auf eigene oder fremde Rohstoff- und Absatzmärkteangewiesen sind, die gleichen ökonomischen und sozialen Grundgesetze wie gegenüber den zweifelsfrei bodenständigen Unternehmungen der Landwirtschaft und des Bergbaues. Auch hinsichtlich der Frage des Privateigentums und des Verhältnisses zwischen Kapital und Arbeit wird man sie füglich auf eine Stufe mit den anderen Unternehmungen zu stellen haben.

Diesen Problemen wird die Geoökonomie nicht anders entgegentreten können, als mit einer nüchtern sachlichen, vorurteilsfreien Abschätzung der geschichtlichen Erfahrungen in materieller wie in psychologischer Hinsicht. Sie findet das Privateigentum, zunächst an Grund und Boden, nicht nur als das historisch Gegebene vor, sondern kann auch an der Feststellung nicht umhin, daß gemeinschaftlicher Bodenbesitz (wie im russischen „Mir") das stärkste Hemmnis wirtschaftstechnischen Fortschritts bedeutet. (Staatsbesitz an Domänen oder Bergwerken ist keineswegs etwa als Gegenbeispiel zu betrachten; denn hier tritt praktisch durchaus nicht etwa ein Gemeinschaftsbesitz in Erscheinung, sondern die Rolle des Privateigentümers wird vom Fiskus übernommen — oder durch Verpachtung weiter übertragen — und durchaus im privatwirtschaftlichen Sinne durchgeführt.) Ebenso wird die Notwendigkeit der Kapitalansammlung als Voraussetzung für die Gründung großer Wirtschaftsunternehmungen als gegebene Tatsache hinzunehmen sein. Und nicht minder endlich die psychologische Tatsache, daß die praktische Leitung einer solchen Unternehmung in den Händen einzelner, vorgeschulter Persönlichkeiten ruhen muß und zunehmende Vielköpfigkeit der Leitung unter zahlreicher Beteiligung von Elementen ohne die Möglichkeit wirtschaftlichen Weitblicks über die Marktlage u. dgl. bestenfalls über Stagnation zum Verfall führen kann.

Das scheinen mir in ganz derben Umrissen die Grundanschauungen zu sein für eine natürliche Behandlungsweise dieser wirtschaftlichen und sozialen Probleme, wenn man von erdhafter Betrachtung und von der psychologischen Beobachtung der menschlichen Wirtschaftsfaktoren ausgeht. Für Nuancierungen im einzelnen bleibt jeder erdenkliche Spielraum ebenso frei wie für organische Fortbildung des bisher Gegebenen. Insbesondere wird vom geoökonomischen Standpunkt aus nicht nur jede Möglichkeit freudig aufzugreifen sein, die sich für die Überbrückung der sozialen Gegensätze allgemein bietet, sondern namentlich jeder Versuch, das persönliche Interesse der Arbeiter an dem sie beschäftigenden Werk zu beleben. Der den Arbeiter geradezu entseelende Mechanismus des Ford-Systems erscheint mir so ungefähr als das Gegenteil dessen, was ein Geoökonom für deutsche Arbeiter erstreben möchte.

# B. „Geoökonomische Geschichtsauffassung"

## 1. Geoökonomische Betrachtung der Weltlage.

Erdhafte Denkweise wird es an sich zweifellos ablehnen, das große Weltgeschehen nur wirtschaftlich zu betrachten, auf lediglich wirtschaftliche Triebkräfte zurückzuführen. Die Geoökonomie überläßt das Urteil über geschichtliches Wollen und Werden der Geopolitik. Wenn es aber einmal gilt, die erdhafte Wirtschaftsbetrachtung auf der ganzen Linie durchzusetzen gegen die Methoden, die uns in den letzten Jahrzehnten so viele und gefährliche Fallstricke gelegt, dann wird es auch notwendig sein, der materialistischen Geschichtsauffassung ein Gegenstück zu bieten. Nur mit dem Vorbehalt freilich, daß geoökonomische Geschichtsbetrachtung niemals eine erschöpfende Geschichtsauffassung sein will, sondern lediglich eine bestimmte Darstellungsart jener Vorgänge, die in dem Gesamtverlauf der Weltgeschichte eine wirtschaftliche Erklärung bedingen.

Auch hier mögen Andeutungen, Vorbemerkungen, kurze Ausschnitte genügen; würde doch eine geoökonomische Durchleuchtung der ganzen Weltgeschichte eine Arbeit von Menschenaltern und dicke Bände erfordern.

Als die weitaus bedeutsamsten Einschnitte der Weltgeschichte erscheinen der Geoökonomie ebenso wie der Politik die Zeit vor vier Jahrhunderten und die unmittelbare Gegenwart. Auf diesen Eingang und Ausgang der sogenannten „Neuzeit" wollen wir uns beschränken.

Mit den Jahrzehnten der Entdeckungs- und Eroberungsfahrten begann Europa sich die Rohstoffe der ganzen Welt wirtschaftlich dienstbar zu machen, die Absatzmärkte der fremden Erdteile zu beherrschen und zu entwickeln. Die verkehrsgeographische Lage der europäischen Länder war entscheidend für ihren Anteil an der Beute: Erster Anlauf und großer Siegeszug von jener Iberischen Halbinsel aus, die sich als natürlicher Mittler darstellt zwischen dem alten Hauptverkehrsgebiet des Mittelmeers und dem damals neu zu erschließenden Verkehrsgebiet des Atlantischen Ozeans. Dann Übergleiten der Führung von der abseits des großen kontinentalen Kernlandes gelegenen Halbinsel auf die Vorländer des mitteleuropäischen Stromsystems — die Niederlande und England. Alsbald auch Eingreifen des sowohl zum Atlantischen Ozean wie zum Mittelmeer günstig gelagerten Frankreich.

Raum für alle diese Teilhaber der von den europäischen Anliegern des Atlantik durchgeführten Kolonialpolitik hatte die Erde in ihren großen außereuropäischen Teilen. Aber noch lange, bevor die Aufteilung der neuen Welt wirklich durchgeführt war, begannen die europäischen Hauptmärkte aus Kolonial- und Handelseifersucht Weltkriege heraufzubeschwören, die nicht nur in Europa, sondern auch auf dem Kolonialboden Amerikas, Asiens, Afrikas ausgefochten wurden. Diese Weltkriege waren die größte Dummheit Europas, gruben seiner Vormachtstellung in der Welt das Grab und veranlaßten die Verselbständigung ehemaliger Kolonialgebiete, die dann später zu scharfen wirtschaftlichen (und auch politischen) Wettbewerbern aufrückten. Der Unabhängigkeitserklärung der Vereinigten Staaten von Nordamerika — nur kurze Zeit nach dem über diese und andere Kolonialgebiete zwischen England und Frankreich geführten Weltkrieg — folgte die Unabhängigkeitserklärung des lateinischen Süd- und Mittelamerika nach den Weltkriegen der napoleonischen Zeit, die ja doch auch großenteils um Kolonial- und Handelsneid zwischen England und Frankreich geführt waren.

Und wenn nun nach dem dritten Weltkrieg in Versailles (wo einst England die Territorien der Vereinigten Staaten hatte abtreten müssen!) Deutschland als der Büßer größter Schuld vor dem dortigen „Weltgericht" erschien — wer waren die in Wahrheit Schuldigen, zum Teil sogar schon damals von dem wirklichen Weltgericht Gestraften? Erstens war wiederum ganz Europa der Dumme. Denn nun war endgültig für Europa die Zeit der sicheren politischen und wirtschaftlichen Vorherrschaft in der Welt abgeschlossen. Außereuropäische Weltmächte und Wirtschaftsmächte hatten neben ihm vollberechtigte Stimme und waren in der Kriegszeit materiell so erstarkt, daß Europa an die Wiedergewinnung der alten Stellung gar nicht mehr denken kann. Was aber die drei europäischen Hauptgegner und Neider Deutschlands anbetrifft (schon die Tatsache, daß Deutschland nicht der Neider, sondern der Beneidete war, beweist die Schuld der andern am Kriege!), so war das zaristische Rußland schon vor Versailles mehr als gestraft. Es war in seiner alten Form vernichtet. Immerhin, trotz aller Leiden, die Rußland durchgemacht hat, trotz aller Dezimierung seines Volkstums und aller wirtschaftlichen Verheerung wird sich dieses Land mit seiner großen Volkszahl und seinem zum Teil so reichen Boden sicherlich wieder einmal erholen. Frankreich aber, der große Scheinsieger, steht heute nach Einschluß von Elsaß-Lothringen mit geringerer Bevölkerungszahl da als vor dem Kriege, und mit seiner ganzen, auf Nordafrika gestützten Politik hat es sich tief in die Gefahr begeben, aus dem Kreise der rein europäischen Rassen auszuscheiden, zu degenerieren und den Lohn für seinen Verrat an der Sache Europas zu ernten.

Wer wollte endlich behaupten, daß England das Rennen gemacht? England, das nicht nur in Verfolg seiner Theorie vom „Selbstbestimmungsrecht der Völker" seine irische, ägyptische und indische Stellung unendlich erschwert, seine Dominien zu äußerst selbständigen Bundesstaaten hochgezogen hat, sondern das auch den Vereinigten Staaten das Recht zum Halten einer Flotte von gleicher Stärke wie der eigenen hat einräumen müssen und den ehemaligen japanischen Bundesgenossen für wert erachtet, durch einen Flottenstützpunkt ersten Ranges in Singapur von Indien ferngehalten zu werden. Wirtschaftlich — und das ist natürlich abermals von Belang für ganz Europa — ist die Lage für England die, daß es im Kriege die bis dahin unterbundene Industrieentwicklung in seinen Kolonien nicht mehr hemmen konnte, sondern sogar fördern mußte.

Damit aber kommen wir wieder zu dem geoökonomischen Effekt: Der **Weltkrieg war nicht für Deutschland, sondern war für Europa verloren!** Nicht nur Europas politische Vormachtstellung in der Welt ist untergraben; nicht nur sein wirtschaftliches Gleichgewicht ist durch die Kriegszeit schwer erschüttert — es hat auch auf die Dauer und für alle Folgezeit aus der Hand gegeben, was es vor vier Jahrhunderten an sich riß. Es ist nicht mehr Herr der Rohstoff- und Absatzmärkte der Erde, sondern hat überall Konkurrenten gezüchtet, die bestrebt sind, sich zu „Selbstversorgern" zu machen und darüber hinaus der euorpäischen Ausfuhr eigene Industrieausfuhr entgegenzustellen.

Wie wäre es unter diesen Umständen möglich, an dem Tenor des internationalen Klassenkampfes festzuhalten, dessen Durchführung die Wettbewerbsfähigkeit der europäischen Industrie nur noch mehr lähmen müßte? Eher sollte man meinen, daß über die nationalwirtschaftliche Solidarität hinaus eine weltwirtschaftliche Solidarität der einander bisher so heiß befehdenden europäischen Industriestaaten sich regen müßte.

Mehr noch: Heute beobachten wir aus weiter Ferne und mit großer Gleichgültigkeit die revolutionären Kämpfe in China, zumal sie einstweilen ja doch nur als Selbstzerfleischung erscheinen. Wenn nun aber eines Tages über diese innere Revolution ein mit dem ganzen Riesenvolk nach draußen gehender Napoleon hinauswächst — wenn die Übervölkerung ohne Gleichen die Dämme durchbricht und der gelbe Strom sich nach Europa ergießt? Die Möglichkeit einer solchen neuen Völkerwanderung lächelnd von der Hand zu weisen, könnte am Ende doch frivol erscheinen.

Klar ist auf alle Fälle, daß Europa heute gegenüber der Außenwelt wirtschaftlich wie politisch einen ungleich schwereren Stand hat als zuvor. Die Hoffnung, daß diese Einsicht zu einer europäischen Solidarität führen könnte, ist äußerst gering. Aber selbst wenn man die Möglichkeit noch so hoch einschätzen wollte — dann, und gerade dann wäre doch erstes Erfordernis für unseren eigenen nationalen Wirtschaftskörper, so geschlossen und stark wie möglich dazustehen, um bei der etwaigen Schaffung einer überstaatlichen Interessengemeinschaft nicht erdrückt oder nach allen Richtungen übervorteilt zu werden. Ist doch auch bei einigem Zusammenstehen unsere geopolitische wie unsere geoökonomische Lage angesichts der vielfältigen Abhängigkeit vom Auslande nachgerade schwierig genug, um uns ganz besonders auf der Hut sein zu lassen.

Trotz allem: Der Geist des Pessimismus soll nicht aufkommen, weder im Hinblick auf Europa, noch im Hinblick auf sein Herz: Deutschland. Blicken wir auf den Globus; betrachten wir die Verkehrslage Europas im allgemeinen und Deutschlands im besonderen; untersuchen wir die wirtschaftstechnischen Bedingungen und Möglichkeiten, die volkspsychologischen Gegebenheiten — das Spiel kann nicht schlecht für uns stehen.

Noch liegt unverrückbar Europa in der mittelsten Verkehrslage der Hauptlandflächen des Globus (der nördlichen Halbkugel) und Deutschland wiederum in der mittelsten Verkehrslage dieses Europas. Noch sind wir unverändert der am reichsten gegliederte unter allen Erdteilen, und noch nimmt Deutschland an dieser Gliederung schon durch die weiten Einbuchtungen seiner Hauptströme teil, die zu den wichtigsten Trägern europäischen Wirtschaftslebens gehören. Noch bleiben uns die Vorzüge des arbeitsfördernden Klimas, auch der langen Lichtzeit unserer Breiten. Und es bleiben gerade uns in Deutschland die in harter wirtschaftlicher Lehrzeit erworbenen technisch-kulturellen Fähigkeiten, sowohl in der Landwirtschaft wie in allen Zweigen der Industrie.

Das alles sind keine Zufallserscheinungen, die gestern waren und morgen ausgelöscht sein können. Es sind erdhaft vorgezeichnete Tatsachen, die eine verbildete Theorie übersehen mag, die aber doch praktisch bestehen bleiben — und die freilich um so wirksamere Geltung erlangen, je klarer die führenden Köpfe in unserem Volke sie in ihr Bewußtsein rufen, um sie dann weiter auch in kleiner Münze auszugeben an die großen Massen, deren Hunger nach Belehrung allzulange der Stillung durch falsche Propheten überlassen blieb! —

Neben den Vorzügen unserer geographischen Lage dürfen wir aber freilich auch ihre Mängel nicht übersehen — jene durch innere Zerrissenheit Deutschlands in ihrer Wirkung wesentlich gesteigerten Nachteile, die uns in der Vergangenheit nicht rechtzeitig den Anschluß an die Aufteilung der Erde finden ließen und in der Gegenwart wieder ganz besonders schroff zutage treten. Was uns an politischer und wirtschaftlicher Nutzung der geographisch vorgezeichneten Möglichkeiten gefehlt hat und fehlt, wird wohl am besten beleuchtet durch einen Rückblick auf die deutsche Kolonisationsgeschichte, also jenes Gebiet der Politik, das von Natur in besonders enger Fühlung mit der Geoökonomie steht und deren Auswirkungen klar zu bekunden berufen erscheint.

## 2. Geoökonomische Betrachtung der deutschen Kolonisationsgeschichte.

Bismarck, der ostelbische Agrarier und nicht nur in den Augen seiner Widersacher typische „Junker“, hat vor 40 Jahren die deutsche Kolonialpolitik eingeleitet, indem er die schwarz-weiß-rote Flagge über einer südwestafrikanischen Faktorei unter staatlichen Schutz stellte. Es war derselbe Junker und Agrarier Bismarck, der ein halbes Jahrzehnt zuvor die Schutzzollpolitik weit weniger im Interesse der Landwirtschaft als damals zunächst im Interesse der rheinisch-westfälischen Eisen- und Stahlindustrie eingeführt hatte, die unter dem Druck der Weltmarktkonkurrenz einen Hochofen nach dem anderen hatte stillegen lassen müssen. Die staatlich betriebene deutsche Kolonialpolitik trug nach Maßgabe ihrer ersten, Handelsniederlassungen betreffenden Schritte also kommerziellen Charakter. Im Hintergrunde freilich stand die Tatsache der gewaltig angeschwollenen deutschen Auswanderung, die im Jahre 1882 ihren Höhepunkt erreicht hatte.

Aber auch diese Auswanderung war in ihrem ungewöhnlichen Ausmaß wesentlich darauf zurückzuführen, daß die aus dem großen Nachwuchs der Landbevölkerung abgestoßenen Kräfte keine Unterkunft fanden in der damals nach Ansatz zum Aufstieg stark zurückgeworfenen deutschen Industrie, sondern überseeische Betätigungsfelder aufsuchen mußten. Gewiß war in den Anfängen staatlicher deutscher Kolonialpolitik der Gedanke an die Unterbringung der Auswanderermenge in geeigneten Siedlungskolonien triebkräftig; Tatsache aber bleibt, daß die ersten Koloniegründungen staatlichen Charakters sich vollzogen in der Zeit der deutschen Industrialisierung und im Anschluß an händlerische Niederlassungen jenseits der Meere. Erst in späterer Zeit und verhältnismäßig bescheidenem Umfange entwickelte sich ein Teil des deutschen Kolonialgebiets zu Siedlungskolonien, und zwar erst in einer Zeit, in der gerade die Auswanderung landwirtschaftlicher Bevölkerungsteile nur noch einen recht mäßigen Umfang hatte.

Wie ist es dazu gekommen, daß Deutschland erst so außerordentlich spät in die Reihe der Kolonialmächte eingetreten ist? Gewiß, schon wenige Jahre nach den furchtbaren Verheerungen des 30jährigen Krieges — man möge auch in unserer heutigen weltpolitischen Not diese Tatsache im Auge behalten! — hat ein Staatsmann von dem Range des durch holländische Beziehungen geschulten Großen Kurfürsten einen Versuch mit der Koloniegründung Groß-Friedrichsburg unternommen. Aber dieser Gründung war nur eine kurze Lebensdauer beschieden, und das zersplitterte Deutschland blieb durch Jahrhunderte eine europäische Staatengruppe ohne Fähigkeit zu großem kolonialpolitischem Auftreten. Wäre Deutschland ein politischer und nicht nur ein geographischer Begriff gewesen, so hätte ihm, dem Beherrscher des großen mitteleuropäischen Stromsystems, sicherlich aus geopolitischen und geoökonomischen Gründen eine führende Rolle oder richtiger die führende Rolle in der Kolonialpolitik des hinter uns liegenden Zeitalters gebührt, jenes Zeitalters, in dem Europa die Herrschaft über die Welt antrat und durchführte, die es heute bescheiden teilen muß mit amerikanischen und asiatischen Mächten.

Am Eingang dieses kolonialpolitischen Zeitalters stehen die Entdecker- und Erobererfahrten, die von der Iberischen Halbinsel ausgingen, und Spanien und Portugal waren die Länder, die in den Scheitelpunkt des politischen Globus rückten, als sich die große Wandlung von der mediterranen zur atlantischen Epoche vollzog, die Länder der Iberischen Halbinsel, die den natürlichen Übergang vom Mittelmeer zum Atlantischen Ozean bilden. Aber hinter diesen Ländern steht, woran schon oben erinnert wurde, nicht das europäische Hinterland, das durch die Gebirgskette der Pyrenäen von ihm abgeschossen ist. Das europäische Hinterland der weit ausgreifenden Kolonialpolitik ist kraft seiner geoökonomischen Voraussetzungen, wie gesagt, das Gebiet des großen mitteleuropäischen Stromsystems. Aber nicht Deutschland wurde der Erbe der Iberischen Mächte, sondern die Lande an der dem Atlantik nächstgelegenen Mündung dieses Stromsystems und die ihnen vorgelagerten Britischen Insellande. Die große Tragödie des Deutschtums, die Herrschaft der Habsburger, brachte diese Anomalie zustande.

In der Zeit, in der Kaiser Karl V. den deutschen Kaiserthron innehatte und in seinem Reiche die Sonne nicht unterging, war seine Weltmachtpolitik, seinen verwandtschaftlichen Beziehungen entsprechend, nicht deutsch, sondern iberisch eingestellt; sie wahrte lediglich das Erbe der iberischen Eroberer. Und bei der Erbteilung seines Reiches ging er in der Voranstellung der spanischen Interessen so weit, daß er seinem spanischen Nachfolger auch die germanischen Lande der Rheinmündung überließ. Dadurch wurde der spätere Befreiungskampf der Niederlande gegen die spanische Herrschaft verursacht, der dann zu einer vollen Verselbständigung des Rheinmündungsgebietes abseits der übrigen deutschen Geschichte führte und von hier aus ein eigenes Kolonialreich sich ausdehnen ließ. Das eigentliche Deutschland war und blieb von dem wichtigsten, dem Atlantischen Ozean nächstgelegenen Ausgangspunkt des großen mitteleuropäischen Stromsystems abgeschnitten, die kolonisatorischen Kräfte des festländischen Germanentums waren politisch zersplittert und eine staatliche Kolonialpolitik vermochte trotz der geoökonomisch vorgezeichneten Notwendigkeiten nicht aufzukommen.

Wohl haben einzelne große Handelshäuser, wohl hat die Hanse eine kommerzielle Ausdehnungspolitik in weit ausgreifender Weise getrieben, wohl hat der Große Kurfürst wenige Jahre nach den Verheerungen des 30jährigen Krieges den Mut gefunden, den brandenburgischen Adler hinüberzutragen nach der afrikanischen Küste; zu keiner Zeit aber stand die Macht des alten Reiches hinter einer planmäßigen deutschen Kolonialpolitik.

Die überseeische Machtausbreitung war den näheren westeuropäischen Anliegern des Atlantischen Ozeans überlassen, der spanisch-portugiesischen Gruppe, der niederländisch-britischen und der sich zwischen beide einschiebenden französischen Macht seit Ludwig XIV. Zwischen diesen Gruppen wurden die großen Weltkriege geführt um die Aufteilung der Erde, in deren europäische Begleiterscheinungen auch Deutschland wiederholt hineingezogen wurde, ohne selbst Anteil an den überseeischen Geschehnissen zu haben. Vor allen Dingen wollte Frankreich als jüngster Rivale der beiden kolonialen Nachbargruppen volle Rückenfreiheit in Europa für die Betätigung seines überseeischen Ehrgeizes haben und stürzte sich in mehrfacher Wiederholung auf Deutschland, um diesen festländischen Nachbarn nach Möglichkeit in politische Aktionsunfähigkeit zu versetzen.

Mit Entdecker- und Erobererzügen war das Zeitalter der Kolonialpolitik eingeleitet worden. Die Sucht nach den R e i c h t ü m e r n  I n d i e n s war das geoökonomische Leitmotiv. Im Verfolg dieses Strebens wurde der amerikanische Doppelerdteil entdeckt, im südlichen und mittleren Teil von den Iberischen Mächten unterworfen, im nördlichen Teil heiß umkämpft zwischen den später zurücktretenden Holländern, den Engländern und Franzosen. Heute aber ist ganz Amerika mit Ausnahme kleiner Reste aus dem Zeitalter kolonialer Hörigkeit herausgetreten, wogegen Indien, das ursprünglichste Ziel kolonialer Erobererfahrten, noch heute das reichste, wenn auch nicht mehr das sicherste Objekt der Kolonialpolitik bildet.

Die englische und auch heute noch die niederländische Kolonialpolitik wurzeln vornehmlich in den Schätzen Indiens und der ostindischen Inselwelt. Händlertum und Herrentum kennzeichnet das Wesen dieser kolonialen Mächte, begründet durch das Bedürfnis der Mutterländer, erdumspannenden Handel zu treiben als Vermittler der durch Jahrhunderte an kolonialer Machtpolitik unbeteiligt gebliebenen Hintersassen der Länder des mitteleuropäischen Stromsystems. Anders der Grundzug der französischen Kolonialpolitik, die ein Erzeugnis brennenden weltpolitischen Ehrgeizes und ein Instrument der unter demokratischem Deckmantel regierenden Bankiers des Rentnervolkes ist.

In den ganzen Jahrhunderten, in denen Deutschland der staatlichen Kolonialpolitik ermangelte, hat das deutsche Volk gleichwohl eine lebhafte und weitgreifende kolonisatorische Fruchtbarkeit entwickelt. Zum Unterschied von den Westmächten war es hier der bäuerliche Bevölkerungsüberschuß, der auf die Wege der Kolonisation ohne staatliche Machtmittel führte. In meiner „Politischen Geographie" habe ich eingehend auf die Bedeutung der von Natur vorgezeichneten Wasserwege für die politische und wirtschaftliche Ausbreitung und die Richtung der großen Verkehrslinien hingewiesen. Die wichtigste jener deutschen Wasserstraßen, die in das Gebiet des Atlantischen Meeres weisen, ermangelt nun seit Jahrhunderten dank der oben berührten Habsburger-Politik einer reichsdeutschen Mündung. So wurden die Häfen der Weser- und Elbemündung die Hauptausgangspunkte für transatlantische deutsche Auswanderung, die sich über fremdhoheitliche Kolonialgebiete und späterhin selbständige Staaten ergoß, ohne deutscher Machtpolitik irgendeinen Zuwachs zu bringen. Auch der in der Heimat keinen bäuerlichen Grund findende Nachwuchs aus dem Oder- und Weichselgebiet wurde in gleicher Richtung abgelenkt. Für Süddeutschland, namentlich für das in engen bäuerlichen Besitz aufgeteilte schwäbische Gebiet, aus dem starke Quellen der Auswanderung sprudelten, zeichnete die Donau die Richtlinie der Wanderungszüge vor. Wäre die Politik der Habsburger eine deutsche Politik gewesen, dann wäre das Donaugebiet selbst in breiter Geschlossenheit dem Deutschtum zugefallen. So nahm es seine Wege vielfach über die Donau hinweg in andere Landgebiete des Schwarzen und des geographisch zugehörigen Kaspischen Meeres und füllte vor allen Dingen Bevölkerungslücken im Wolgagebiet aus. Aus jenen, in fremder Staatshoheit verbliebenen deutschen Wolgakolonien sickerten gelegentlich kleine Rückströme hinüber in das Gebiet der Donaumündung, wie beispielsweise die deutschen Dörfer in der Dobrudscha, die nicht unmittelbarer süddeutscher Auswanderung entstammen, sondern von Wolgadeutschen angelegt worden sind.

Die staatliche Kolonisation der donau-deutschen Auswanderung findet ihr Seitenstück in der staatlichen Kolonisation der Russen, die sich gleichfalls in östlicher Richtung bewegte. Während aber die süddeutsche Auswanderung in einer weitgehenden Zersplitterung des bäuerlichen Bodenbesitzes begründet war, die den Nacherben keinen Raum in der Heimat mehr ließ, drängte in Rußland die Extensität des großräumigen Betriebes dazu, nicht die heimische Wirtschaft zu intensivieren und aufzuteilen, sondern mit gesteigerter Großräumigkeit immer neuen fremden Boden anzusaugen und staatliche Kolonialpolitik über die Nachbarländer weit hinauszutragen bis an die Gestade des Stillen Ozeans. Auch als der ostasiatische Krieg diesem gigantischen Ausbreitungsdrang ein Ziel setzte, wurde der Krieg zwar militärisch-politisch, aber nicht wirtschaftlich-kolonisatorisch für Rußland verloren; denn gerade die Kolonisation der Gebiete im weiten Umkreis um die Sibirische Bahn fand eine bedeutsame Förderung durch jene Angehörigen des russischen Heeres, die auf dem Rückweg sozusagen in Sibirien hängen blieben.

Die bäuerliche deutsche Auswanderung, so hervorragend sie kolonisatorisch in weiten Landgebieten gewirkt hat, blieb ohne staatliche Organisation. Die Früchte ihrer Arbeit wurde zum Gewinn fremdstaatlicher Mächte. Als das neue Kaiserreich geschaffen und gefestigt war, besann auch Deutschland sich endlich auf die Aufgabe staatlicher Kolonialpolitik. Wiederum gab die deutsche

Auswanderung den entscheidenden Antrieb. War sie doch in den Jahren der wirtschaftlichen Krisis gewaltig emporgeschnellt. Wenn auch die schwarz-weiß-rote Flagge an der afrikanischen Küste erstmals über Faktoreien, also Niederlassungen zunächst kaufmännischen Charakters, gehißt wurde, so dachte Bismarck in Erinnerung an die bäuerliche Auswanderung doch vornehmlich an die Schaffung von Siedlungskolonien, um das auswandernde Deutschtum nicht länger zum Völkerdünger werden zu lassen.

Kurze Zeit aber nach der Gründung der deutschen Kolonien ebbte infolge des neuen wirtschaftlichen Aufschwungs die Auswanderung ab. Für bäuerlichen Bevölkerungsüberschuß wurde zudem durch die Arbeiten der Innenkolonisation in der Heimat selbst neuer Boden bereitgestellt. Die verringerte deutsche Auswanderung trug mehr industriell-kommerziellen Charakter. Immerhin entwickelten sich nicht nur in Südwestafrika ansehnliche deutsche Ansiedlungen, sondern auch die klimatisch geeigneten Gebiete Deutschostafrikas wurden dem deutschen Pflanzer erschlossen und die kolonisatorische Tätigkeit der Deutschen in den seit 1884 gewonnenen Kolonien fand vor dem Kriege auch unumwundene Anerkennung von einsichtigen Vertretern unserer fremden Wettbewerber.

Nichts widerlegt das Märchen von falscher und schlechter Behandlung der Eingeborenen durch Deutsche besser als die Treue, die unseren ostafrikanischen Truppen durch die mehr als 50 Monde des Krieges in beispielloser Anhänglichkeit seitens der farbigen Bevölkerung gehalten wurde.

Nun ist Deutschland, in dem sich weite Kreise so lange der Einsicht in die geoökonomischen Notwendigkeiten verschlossen hatten, seines ganzen jungen und hoffnungsvollen Kolonialbesitzes beraubt. Unsere älteste Kolonie, das alte Deutsch-Südwestafrika, ist zu einem Gliede des südafrikanischen Staatenbundes geworden, der sich in seiner Gesamtheit zu einem immer selbständigeren Teil der weltbritannischen Bundesstaaten mit durch die holländisch-burischen und deutschen Bevölkerungsteile stark zu beeinflussendem Eigenwillen und Sonderdasein durchringen zu wollen scheint. Im früheren Deutsch-Ostafrika sehen sich die heutigen englischen Mandatare gegenüber der zahlreichen indischen Bevölkerung in Schwierigkeiten, die das Land eigentlich mehr als indische denn als englische Kolonie erscheinen lassen, und in ernsthaften britischen Kreisen Gedanken angeregt haben, diese Kolonie als Mandatar den Deutschen zurückzugeben, die ein leichteres Auskommen mit jener indischen Bevölkerung haben als die Kolonialherren Indiens. Bemerkenswert ist es auch, daß die holländische Regierung mit dem früheren Gouverneur von Togo, dem Herzog Adolf Friedrich zu Mecklenburg, verhandelt hat, um ihm eine ausgedehnte Konzession über Holländisch-Neu-Guinea zu erteilen, weil die Holländer ihrerseits diesen Teil ihres Kolonialbesitzes wie auch manchen anderen wirtschaftlich noch gar nicht entwickelt haben und die deutschen Kolonisatoren in Deutsch-Neu-Guinea ein anerkannt gutes Beispiel gegeben haben.

Der überseeischen Kolonialpolitik Deutschlands ist nur eine Dauer von wenig über 30 Jahren beschieden gewesen. Was sie in dieser Zeit geleistet hat, beweist aber vollauf, daß das in Versailles gefällte Urteil über die deutsche Kolonialpolitik ein Fehlurteil war, das der Revision ebenso bedarf wie das Versailler Urteil in seiner Gesamtheit.

Außerhalb des Rahmens staatlicher Machtpolitik, ohne staatliche Hilfe auf eigene Kraft gestellt, haben viele Millionen von deutschen Kolonisatoren durch die Jahrhunderte bewiesen, welche kultivierende Kraft den deutschen Auswanderern innewohnt. Wäre jene Millionenschar von deutschen Stammesangehörigen nicht über fünf Erdteile verstreut worden, hätte ein wesentlich größerer Teil von ihr den namentlich den Süddeutschen geographisch vorgezeichneten Donauweg beschritten, so säße heute in Mitteleuropa ein geschlossenes Deutschtum von einer Volkszahl, mit der kein anderes europäisches Volk in Vergleich treten könnte. Die Gesamtzahl der Deutschen auf der Erde ist größer als die Gesamtzahl der Groß- und Kleinrussen einschließlich der Ruthenen; nur Inder und Chinesen sind dem Deutschtum an Gesamtzahl überlegen, aber nicht entfernt auf die E n g r ä u m i g k e i t angewiesen, in der die Hauptmasse der Deutschen lebt, und von der aus sie kolonisierend ausgegriffen hat an den Rändern der Ostsee, in Verfolgung des Donauweges bis hinüber ins Wolgagebiet, und in Verfolgung der atlantischen Wege nach Nord- und Südamerika.

Die Versäumnis des in Europa kolonisierenden Deutschtums hat in den früheren Jahrhunderten darin gelegen, jenes geopolitische Grundgesetz unbeachtet zu lassen, das die möglichst zusammenfassende Beherrschung geschlossener Stromgebiete unter einer staatlichen Macht zum natürlichen Ziel setzt. Dieses Gesetz ist unerfüllt geblieben im Hinblick auf Weichsel und Memel so gut wie auf die Donau. Es wurde kolonisatorische Teilarbeit geleistet, aber keine volle staatliche Geschlossenheit erreicht. So stehen Millionen deutscher Stammesgenossen außerhalb der deutschen Grenzen in größerer oder kleinerer Zersplitterung und in ständiger Gefährdung durch solche Staaten und Völker, für die deutsche Kolonisation wichtigste Pionierarbeit geleistet hat.

## 3. Die Schicksalsströme Europas.

Wenn oben des Weichsel-, Memel- und Donaugebietes und vordem der politischen und wirtschaftlichen Zerreißung des deutschen Rheins gedacht wurde, so verlohnt es sich gewiß, erdhafte Geschichtsbetrachtung noch etwas verweilen zu lassen bei den großen Hauptströmen im deutschen Westen, Osten und Süden, die sich kennzeichnen nicht nur als deutsche, sondern als europäische Schicksalsströme. In ihrem Gebiete haben sich immer und immer wieder große, gefährliche Reibungsflächen entwickelt. Das deutsche Volk als ein Hauptanlieger dieser Ströme ist durch die Lage, die sich historisch am Rhein, an der Weichsel und an der Donau entwickelt hat, unter Lebensbedingungen gestellt worden, deren Ungunst bei anderen Mächten in vorteilhafterer Lage durchaus kein Verständnis findet, und die doch nicht nur geopolitisch, sondern auch geoökonomisch geradezu unser tragisches Verhängnis bilden — um so mehr, als im eigenen Volke das Verständnis für diese Lebensfragen allzu wenig entwickelt ist.

Nicht nur England in seiner festumrissenen insularen Abgegrenztheit wird von Natur das Verständnis für die ethnographischen, wirtschaftlichen und politischen Grenzschwierigkeiten Deutschlands schwer, sondern auch Frankreich befindet sich geographisch in einer ganz wesentlich günstigeren Lage als Deutschland. Frankreich hat die Rückendeckung der Pyrenäen, die Flankendeckung des Atlantischen Ozeans und des Mittelmeeres und nur gegenüber Mitteleuropa eine offene, im Laufe einer tausendjährigen Geschichte vielfach verschobene Grenze. Deutschland aber hat an den östlich auseinanderblätternden Alpen nur eine recht unbestimmte Gebirgsgrenze, an der Nord- und Ostsee Meeresgrenzen, die nicht entfernt mit der Anliegerschaft an dem offenen Ozean zu vergleichen sind, und sowohl im Westen wie ganz besonders im Osten völlig verschwimmende, geographisch kaum irgendwo fest zu packende Grenzgebiete. Kein anderes bedeutendes Staatengebilde hat so zahlreiche Grenznachbarn wie das Deutsche Reich, und keines befindet sich nach so vielfachen Richtungen hin in ähnlich schwieriger Grenzlage.

Das ewig ungewisse Schicksal des festländischen Germanentums hängt insbesondere an den drei Stromgebieten des Rheins, der Weichsel und der Donau. Diese Schicksalsströme Deutschlands bestimmen immer wieder seine wechselvolle Geschichte.

Mehr als ein volles Jahrtausend ist verflossen, seitdem der Rhein zur vorübergehenden Grenze eines Pufferstaates zwischen dem Reich Ludwigs des Deutschen und Karls des Kahlen gemacht wurde. Aber auch in diesem kurzfristigen Pufferstaat Lothars herrschte germanisches Wesen, und bald wurden diese westrheinischen Gebiete wieder mit dem eigentlichen Deutschen Reich vereinigt. Aber sie blieben fortan doch eine Kampfzone, in der das Romanentum gegen das Germanentum vorzustoßen suchte. Nun ist ethnographisch der Rhein von der Quelle bis zur Mündung zweifellos ein beiderseits germanisches Stromgebiet. Geschichtlich haben sich die Dinge so entwickelt, daß sowohl das Quellgebiet wie das Mündungsgebiet sich selbständig machten. Für das deutsche Kernland, das im Besitz des Mittelrheins verblieben war, ist die Nachbarschaft einer neutralen Schweiz und eines neutralen Holland im Rheingebiet eine geschichtlich fundierte Tatsache, die keinen Anteiler ernstlich zu stören brauchte.

Ganz anders würden die Dinge liegen und haben sie historisch auch bereits im Wiederholungsfalle vorübergehend gelegen, wenn der romanische Westen an den Mittelrhein und über ihn hinaus vorstößt; denn dann ist eine romanische Machtumklammerung der Deutsch-Schweiz ebenso gegeben wie ein unausweisliches Verlangen der romanischen Rheinmacht nach der niederländischen Rheinmündung. Das sind geschichtliche Konsequenzen, für die es besonders auch in England nicht an Verständnis fehlen dürfte. Der Rhein ist in diesem Sinne ein Schicksalsstrom nicht nur für Deutschland, sondern er wird es unter französischer Oberhoheit am Mittellauf auch für das Gebiet der Rheinmündung und schließlich für die ihr vorgelagerte britische Inselwelt.

Wenn im Westen Deutschlands das Romanentum durch die alten Gebiete Lothringens wieder und wieder gegen den Rhein vorzustoßen suchte, so hat sich im Osten das Germanentum in früheren Jahrhunderten kultivierend über die Weichsel und am Ostseestrand weit hinaus bis über die Düna ausgebreitet. Als der südöstliche Vorstoß der Kreuzzüge gescheitert war, unternahm der im Zusammenhang mit ihnen gegründete Deutsche Ritterorden seinen weiten nordöstlichen Vorstoß in Richtung auf den Finnischen Meerbusen. Nach den geschichtlichen Erfahrungen, die heute hinter uns liegen, wird man sich, von Kerndeutschland aus betrachtet, vielleicht sagen müssen: Weniger wäre mehr gewesen! Eine Kräftekonzentrierung, so wie sie zwischen der Weichsel und der Memel stattgefunden hat, auch auf den Mittellauf der Weichsel wäre der Sammlung deutscher Macht nützlicher gewesen als die zersplitterte Ausbreitung einer deutschen Oberschicht über die weiter nördlich gelegenen Ostseeprovinzen, die nicht zu deren Germanisierung bis in die Wurzeln geführt hat.

An der Weichsel dreht sich das Rheinprogramm für Deutschland um. Den Gesetzen der politischen Erdkunde hätte es entsprochen, wenn jene deutsche Ordensmacht vornehmlich danach getrachtet haben würde, ihre Kultur und ihre Herrschaft hineinzutragen auch in die Gebiete des Mittel- und Oberlaufs. Eine slavische Macht am Mittellauf der Weichsel stellt unausbleiblich eine latente Bedrohung des deutschen Unterlaufs dar. Daß diese Bedrohung für das festländische Germanentum um so gefährlicher ist, als jenseits des Weichselgebiets eine einwandfrei deutsche, große und wichtige Provinz zu schützen ist, bedarf nach der heutigen Gestaltung der polnischen Grenzlinien keiner besonderen Darlegung. Es war eine geschichtliche Versäumnis des Deutschen Ritterordens, die südliche Umrandung der Ostsee bis über die Düna zu versuchen, ohne die Einflußsphäre am Unterlauf der Weichsel stromaufwärts zu sichern. Seither ist die Weichsel zu einem zweiten Schicksalsstrom Mitteleuropas geworden.

Umgekehrt wie an der Weichsel dehnte sich im Donaugebiet vom Unterlauf des Stromes her der germanische Einfluß stromabwärts über den Mittellauf und eine Fortsetzung in zahlreichen ethnographischen Inseln aus. Auch hier wurde das begonnene Kulturwerk nicht nur nicht vollendet, sondern eine gefährliche Machtverkleinerung des Deutschtums herbeigeführt durch die Absonderung der Habsburger Hauspolitik, die, auf viele fremde Stämme gestützt, die Kulturarbeit und die Machtfestigung des Deutschtums an der Donau nicht ausbreitete, sondern andere Kräfte gegen das Deutschtum mächtig emporwachsen ließ. Nachdem das Haus Habsburg in den Stürmen von 1918 ebenso gestürzt ist wie die ganze große Zahl der reichsdeutschen Fürstenhäuser, ist das Donauproblem für die germanische Welt des Festlandes unausweisbar eingestellt auf die Vereinigung der deutschen Stämme am oberen und mittleren Donaulauf bis zur östlichen Grenze Österreichs.

Kein zu erdhaftem Denken Befähigter wird sich der Bedeutung dieser drei Schicksalsströme verschließen können — eine Bedeutung, die sich keineswegs etwa auf die Machtstellung des Deutschen Reiches beschränkt, sondern die ganz Mittel- und Westeuropa angeht. Durch die mehr oder weniger glückliche oder unglückliche Lösung sind diese großen Stromprobleme in weitgehendem Maße entscheidend für Ruhe und Frieden oder ständige Unruhe und Unsicherheit im Herzen Europas und weit darüber hinaus.

Von anderen Zeugen unserer geographischen Lage können wir freilich kein Verständnis für unsere Bedrängnis erwarten, wenn wir selbst nicht die erdhaften Bedingungen begreifen und uns danach einstellen lernen, wenn wir selber kaum klar darüber sind, was Rhein und Weichsel und Donau für uns bedeuten. Deutschland von heute trägt zu der politischen Ausschließung von deutschen Teilen seiner natürlichen Hauptverkehrsstraßen die internationale Kontrolle über deutsch verbliebene Stromgebiete. Damit ist ihm die freie Verfügung über wichtige geoökonomische Lebensgrundlagen genommen. Auf solche Tatsachen zu achten, ist Aufgabe wirtschaftlicher Geschichtsauffassung doch wohl in erster Linie. „Geschichte" entwickelt sich vornehmlich durch die äußere Machtstellung und Sicherheit der Staaten — innere Zerrissenheit auf Grund falscher Einstellung der „Geschichtsauffassung" führt nur dazu, daß berufene Subjekte des geschichtlichen Werdens zu Objekten der Weltpolitik werden.

# C. Geoökonomische Ausblicke

## I. Geoökonomische Lebensbedingungen moderner Staaten.

### 1. Vorbemerkung.

Um allen Mißdeutungen vorzubeugen, muß vor Eintritt in den Versuch, geoökonomische Ausblicke zu geben — was nicht angängig sein wird, ohne die allgemeine Weltpolitik mehrfach zu streifen —, nochmals mit aller Deutlichkeit festgestellt werden, daß mit diesem Versuch keinesfalls etwa eine schematisch-plumpe Zurückführung des Weltgeschehens lediglich auf die wirtschaftlichen Beweggründe geplant sein kann. Erdhafte Denkweise in unserem Sinne hat immer gleichwertig den Boden und seine Bewohner zu umfassen — die Bewohner nicht nur als Bewirtschafter und Nutznießer des Bodens, sondern nach ihrem vollen Persönlichkeitswert als Leib und Seele, wirtschaftlicher und geistiger Faktor. Ist doch gerade unter den Einflüssen verschiedenen Bodens, verschiedenen Klimas, verschiedener Verkehrslage, verschiedenen natürlichen Zwanges zu wirtschaftlicher Betätigung auch das Geistesleben der Völker auf ganz verschiedenen Bahnen gewandelt und fortentwickelt.

Man möchte versuchen, an die Prometheussage anzuknüpfen, wirtschaftliche und geistige Entwicklung der Erdbewohner mitsamt ausgehen zu lassen von dem Halbgott, der den Menschen das Feuer — und den göttlichen Funken des Geistes brachte. Könnte eine Geschichte der Menschheit im allgemeinen und der modernen Kulturvölker im besonderen gliedern nach den Fortschritten in der Feuertechnik, genauer gesagt: der künstlichen Schaffung von Wärme, Licht und Kraft. Dort, wo das Klima gesteigerten Anreiz zur Verwertung des Feuers gab, wo auch zugleich der Boden reichliche Mengen von Feuerungsmitteln spendete, hat sich die größte Bevölkerungsdichte und Kultursteigerung herausgebildet — und zwar wirkliche Kultur-, nicht nur Zivilisationssteigerung.

Große weltpolitische und weltwirtschaftliche Etappen knüpfen an an den Gebrauch der Feuerwaffe, die Erfindung der Dampfmaschine, die Gewinnung elektrischer Energie, die verfeinerte Nutzung des Erdöls. Und neue Etappen mögen in Aussicht stehen mit neuer Nutzung der Kraft der bewegten Luft, des bewegten Wassers und der Sonnenstrahlen als Spender von Wärme, Licht und Betriebsstoff für die Bewegung der künstlichen Werkzeuge und der Verkehrsmittel.

Wie aber diese technischen Fortschritte aus menschlicher Geistesarbeit hervorgehen und zugleich wieder die Intensivierung menschlicher Geistesarbeit fördern, so ist auch das Geistige aus der Geschichte schlechterdings nicht auszuschalten. Man denke nur an die gewaltige Macht religiöser Bewegungen und Überlieferungen. Mag die materialistische Geschichtsauffassung auch darauf verweisen, daß es den staatlichen Führern der Kreuzzüge um den Weg zu den Schätzen des Orients zu tun gewesen, daß der Glaubensheld Gustav Adolf es sehr wohl verstanden, seine weltliche Macht über die südliche Ostseeküste auszudehnen, daß die Ordensritter mit der Christianisierung der Ostseeprovinzen europäische Kolonialpolitik trieben — von den Trägern des Kreuzes nach Süd- und Mittelamerika mit ihren Beutezügen ganz zu schweigen. Tatsache bleibt doch, daß beispielsweise die Begeisterung der Massen für die Kreuzzüge durchaus religiös-fanatischen Charakter trug; daß das Christentum sich ursprünglich zu einer gewaltigen Geistesmacht ausgewachsen hat, ohne seinen Anhängern irdische Vorteile zu bringen; daß der unendlich zähe Einfluß mehrtausendjähriger Tradition in Ostasien oft weit abseits der wirtschaftlichen Interessen wirkt; daß eine stille Weltmacht, wie der Jesuitenorden, seine eigenen Angehörigen planmäßig allen materiellen Zusammenhängen entzieht. Und Tatsache bleibt, daß auch die wirtschaftlichen Kämpfe oft nicht Selbstzweck zur Erzielung wirtschaftlicher Vorteile, sondern Mittel zum Zweck des ausgeprägt politischen Machthungers waren, wie etwa die Kontinentalsperre Napoleons gegen England. Wer endlich wollte behaupten, daß die siebzehnjährige Jungfrau aus Domremy, als sie in den hundertjährigen Krieg zwischen Frankreich und England eingriff und ihn auf französischer Seite erstmals in die Sphäre des Nationalgefühls erhob, von materialistischen Trieben geleitet gewesen wäre! Dort aber liegt der Ursprung der nationalen Bewegung, die das folgende Zeitalter mehr und mehr kennzeichnet und im letzten Jahrhundert so maßgebend wurde, daß die drei deutschen Kriege wahrlich nur als Weg zur nationalen Einheit, nicht aber als Wirtschaftskriege betrachtet werden können.

Auch der Weltkrieg war für seinen eigentlichen Urheber, Frankreich, nationalistischer Rachekrieg, von Ehrgeiz und Ruhmsucht ungleich mehr angestachelt als von materialistischen Zielen. Der Stempel als einseitiger Weltwirtschaftskrieg wurde ihm durch England aufgeprägt.

Je mehr sich nun die Welt verengert hat, je nähere Verbindungen die modernsten Verkehrsformen schaffen, je vollständiger der Nahrungsspielraum des Erdbodens erschlossen und verteilt ist, um so stärker freilich mag der Kampf um die materiellen Lebensbedingungen und den Platz im wirtschaftlichen Weltwettbewerb in den Vordergrund treten. Gleichwohl wäre es falsch, wenn man glauben wollte, deshalb den rein politischen Machtinstinkt, den nationalen Instinkt, den Kampf um die Idee übersehen zu dürfen. Gewiß spielt sich auch der Kampf zwischen Individualismus und Kommunismus auf wirtschaftlichem Boden ab; gewiß entspringt er dem Streben der Wenigen, im Besitz zu bleiben, und der Vielen, zu Besitz zu gelangen. Seine stärksten Kräfte aber sammelt doch auch er aus dem Kampf um die Idee, die ihm tatsächlich die Waffen schmiedet und schärft. Und wo will man die Grenzen ziehen zwischen nationalem Stolz und wirtschaftlichem Bedürfnis, wenn man auf das heutige Japan blickt, das sich gegen die allseitige Einschnürung und Ablehnung seiner Auswanderer sträubt?

## 2. Die Hauptmächte der Gegenwart.

Hier gerade sind wir nun bei einem Punkt angelangt, bei dem es für geoökonomische Ausblicke wohl etwas zu verweilen verlohnt. Erst in der zweiten Hälfte des vorigen Jahrhunderts erschloß sich Japan dem Weltverkehr, von dem sich das Inselreich wie eine geschlossene Muschel bis dahin fernzuhalten gewußt hatte. 50 Jahre, nachdem die ersten japanischen Häfen den Nordamerikanern geöffnet worden waren, trat es als erste Großmacht nichteuropäischer Rasse in einen Krieg mit einer europäischen Weltmacht ein, aus dem es als Sieger hervorging. Und nachdem es in Versailles neue Beute heimgeholt, stand es auf der Konferenz zu Washington — jenem weltgeschichtlichen Ereignis, das für alle Zeit die Trennung der Weltherrschaftsfragen von der sicheren Vorherrschaft Europas dokumentierte — unter jenen ersten vier Weltmächten, zwischen denen die Abrüstungsfrage zur Erörterung gestellt wurde.

Das alte Inselreich mit seinen 380000 qkm und 56 Millionen Einwohnern hat an Kolonialgebiet seit 1895 300000 qkm mit 22 Millionen Einwohnern neu gewonnen. Das Stammland zählt 148, das gesamte Kaiserreich 116 Köpfe auf 1 qkm. Seine Ausfuhr überschritt schon vor dem Kriege die Chinas und blieb nur wenig hinter der Hälfte der Ausfuhr Britisch-Indiens zurück. Durch den Krieg kam es in die Lage, seine wirtschaftliche Stellung außerordentlich zu festigen und ausgedehnte Beziehungen zu den Mächten Südasiens, Südafrikas und Südamerikas zu entwickeln. Es liefert dem Weltmarkt große Mengen Seide, ferner Baumwollwaren, Kupfer, Strohwaren, Tee, Zündhölzer, Porzellan. Dagegen führt es nicht nur Rohbaumwolle, Eisenwaren und Maschinen ein, sondern muß auch seine eigene Reisproduktion von 7 Millionen Tonnen noch durch eine Einfuhr von fast $^1/_2$ Million ergänzen. Das sehr gebirgige Land ist übervölkert, die Reisfrage seine brennendste Lebensfrage. Dem Inselvolk liegt, wenn es auswandert, das Ziel südlicher Inseln mit Reisbau am nächsten. Daher besonders das Sehnen nach dem niederländisch-indischen Kolonialbesitz, das anderseits für England wegen der Einlagerung zwischen Indien und Australien unerträglich erscheinen muß. Nur ungern geht der Japaner nach dem rauheren Klima des nördlichen Ostasien, möchte heute auch die Fühlung seiner auswandernden Volksgenossen mit dem russischen Bolschewismus vermieden sehen. Geht er, der sich auf Korea als großzügiger Kolonisator europäischen Stils erwiesen hat, nach dem Festland, so ist sein Streben in erster Linie auf die seiner Insel Formosa gegenüberliegenden Striche der chinesischen Küste gerichtet. Aber auch Südchina ist übervölkert, und so muß der japanische Volksüberschuß Unterkunft in Nord-, Mittel- und Südamerika suchen. Die hier dem gelben Manne entgegengestellten Absperrungstendenzen der Weißen lassen immer bedenklicher werdende Zündstoffe sich ansammeln.

England, vordem Japans Verbündeter, könnte seine Freude haben an der Rivalität zwischen Japan und den Vereinigten Staaten von Nordamerika. Da aber die wirtschaftlichen Interessen sowohl wie die Rasseninstinkte Australiens und Kanadas genau die gleiche Richtung gegen Japan haben, wie die der Vereinigten Staaten, so würde sich England den empfindlichsten Lockerungen des Imperiums aussetzen, wenn es diesen Stimmungen nicht Rechnung trüge. Dieser Tatbestand gemeinsamer Gegnerschaft der Angelsachsen und der weitere Umstand, daß Japan aus sozialpolitischen Gründen an eine Rückendeckung durch Rußland nicht denken kann, führt zu zwei Richtlinien des östlichen Inselreichs: Erstlich sucht es eine offene Feindschaft des gärenden China zu vermeiden und doch lieber die Rolle eines gönnerhaften Freundes durchzuführen, und zweitens knüpft es Fäden zu der stärksten Macht, die heute dem Britentum gegenübersteht. Könnten französische Treibereien die Erschütterung der englischen Herrschaftsstellung am Indischen Ozean nennenswert steigern, dann würden sich Japan ja auch neue Hoffnungen mit Bezug auf Indien erschließen. Wo sich wirtschaftliche Rivalitäten zwischen Amerika und England zeigen (Petroleum!), da ist Frankreichs natürlicher Platz an der Seite der Vereinigten Staaten, um an Englands, des alten Erbfeindes, Schwächung mitzuarbeiten. Wo aber die Angelsachsen an einem Strange ziehen, da neigt Frankreich naturgemäß auf die Seite ihres gemeinsamen Gegners. Japans Reishunger und industrielles Absatzbedürfnis ist angesichts dieser Lage als ein sehr bedeutender Faktor der künftigen Weltpolitik zu bewerten.

Ungleich dem durch Übervölkerung bedingten japanischen Ausbreitungsdrang steht es um die französische Bevölkerungsbewegung so, daß Frankreich selbst nach Angliederung von Elsaß-Lothringen nicht mehr Einwohner hat als vor dem Kriege. Von einem Auswanderungsbedürfnis kann also nicht die Rede sein. Im Gegenteil — Frankreich sträubt sich nicht nur nicht dagegen, Bevölkerungsteile aus seinen nordafrikanischen Kolonien auf seinem europäischen Boden als Blutzufuhr zu betrachten, sondern neigt mehr und mehr dazu, seine Länder an den Südgestaden des Mittelmeers weniger als Kolonien denn als Reichsbestandteile zu behandeln. Der Kolonialbesitz ist für Frankreich eine Frage des weltpolitischen Ansehens, eine Frage der Truppengewinnung für europäische Kriege, eine Frage der Kapitalanlage des Rentnervolkes und eine Frage des monopolistischen Absatzes einer für den freien Wettbewerb zu bequemen Industrie. Die Bequemlichkeit der französischen Wirtschaftsweise wird zur genüge beleuchtet durch die eigentümliche Erscheinung, daß Frankreich mit seinem guten Boden und Klima vor dem Kriege vom Hektar nur 13 Doppelzentner Weizen erntete gegenüber 21 in Deutschland, 24 in Schweden, 25 in Belgien und 33 in Dänemark! So braucht dieses von Natur reiche Land eine erhebliche Zufuhr von Getreide. Vor dem Kriege mußte es auch Kohle und Erze einführen. Auf Deutschlands Kosten hat es sich hinsichtlich der Verfügung über Kohle und Eisen zu einer Wirtschaftsmacht erhoben, die England und selbst den Vereinigten Staaten fühlbaren Wettbewerb machen kann — ein Umstand, der nach Versailles und besonders nach der Ruhrbesetzung den Angelsachsen viel zu denken gegeben hat.

Hat Englands Eifersucht auf den wirtschaftlichen Aufstieg Deutschlands das Inselreich zeitweilig an die Seite seines Erbfeindes von Jahrhunderten und kolonialen Konkurrenten fast auf der ganzen Erde getrieben, so ist es heute ganz offensichtlich, daß die überragende festländische Vormachtstellung Frankreichs dem Bundesgenossen von gestern höchst unerwünscht sein muß. Die Möglichkeiten, die Frankreich, wie eben angedeutet, auf dem Eisen- und Stahlmarkt hat, werden ja doch noch ergänzt durch die polnische Nutzung des überaus wertvollen Anteils an Oberschlesien und die kräftige Industrie der Tschechei. Auch die Festigung des französischen Kolonialreiches in Nordafrika zu einer Zeit, in der England die Zügel Ägyptens nicht mehr so fest in der Hand hat, ist für das Britenreich bedenklich genug, desgleichen die Flankenstellung Frankreichs zum Suezkanal von der syrischen Basis aus. Nach dem Jahrhundert, das durch Abukir und Faschoda abgegrenzt ist, schien Englands Stellung am Nil und Suezkanal Frankreich gegenüber vollständig gesichert. Gegenwärtig hat sich das Bild aber doch wieder beträchtlich verschoben. Der Suezkanal aber ist und bleibt im Hinblick auf Indien der Wirbelknochen des britischen Imperiums.

Daß zwischen England und den Vereinigten Staaten die Festlegung maritimer Gleichberechtigung beider Reiche in striktem Gegensatz zu aller früheren Politik Englands steht, könnte als rein machtpolitisch, also nicht hierher gehörig betrachtet werden, wenn nicht immerhin die Aufgabe der Flotte der Schutz des für England so absolut lebenswichtigen Handels wäre. Bestimmter fällt in den Gesichtskreis geoökonomischer Betrachtung die verkehrspolitisch bedeutsame Erscheinung, daß der Panamakanal die erste Hochstraße des Weltverkehrs zu Wasser bedeutet, die nicht unter britischer Kontrolle steht. Zweifelsfrei geoökonomischen Charakters endlich ist das neueste und bedeutendste Kampfobjekt zwischen den beiden Weltmächten: Der latente Petroleumkrieg.

Wir haben früher gesehen, wie rapide die Erdölgewinnung fortschreitet und wie groß der Vorsprung der Vereinigten Staaten in der Weltproduktion ist. Wir wissen auch, in wie schnellem Zeitmaß das Erdöl an Bedeutung für den Weltverkehr zunimmt, kennen seine großen Vorzüge als Betriebsmittel für die Schiffahrt, seine Unentbehrlichkeit für U-Boote, Flugzeuge, Luftschiffe und Autos. Trachten die Vereinigten Staaten nach Monopolisierung des Erdölmarktes der Welt, so sucht England sich überall Luft zu schaffen und dieser wirtschaftlichen Einkreisung zu entrinnen. Daher das ungeheure Interesse, das es an dem vorderen Mittelasien nimmt, an den Gebieten des Kaspischen Meeres, und das heiße Ringen, sich den Zugang dorthin zu erschließen. Daher auch neben den politischen Gründen ein brennendes Interesse daran, Niederländisch-Indien mit seinen außerordentlich zukunftsreichen Erdölvorkommen zu betreuen und nicht etwa in fremde Hände gelangen zu lassen. Daher endlich eine Vermehrung der Reibungspunkte, die sich aus den europäischen Einflüssen Frankreichs im Zwischenland zwischen Mittel- und Osteuropa ergeben, im Hinblick auf die galizischen und rumänischen Erdölquellen.

Der große Unterschied zwischen den Vereinigten Staaten und England ist, allgemeinwirtschaftlich betrachtet, daß die Vereinigten Staaten in ihrem eigenen Lande, ohne auf den Seeweg angewiesen zu sein, fast alle Lebensbedürfnisse zu decken vermögen. Der wichtigste Zufuhrbedarf erstreckt sich auf Häute, Kaffee, Zucker und Kautschuk. Ganz auf sich selbst gestellt, würde das Land keine nennenswerten Entbehrungen zu tragen haben. Seine weitaus größere Sorge ist, den Überschußprodukten sowohl der Farmer wie der Industrie den Absatz zu sichern. Wohl ist auch das britische

Imperium als Gesamtheit in ähnlicher Lage. Aber das englische Mutterland ist von den Kolonien weit entfernt, von der überseeischen Zufuhr abhängig wie kein anderes Land der Erde und in ständiger Gefahr, alte Kolonialgebiete, wo nicht politisch zu verlieren, so doch wirtschaftlich mehr nach anderen Ländern tendieren zu sehen. Der Absatzmarkt für die heimische Industrie in den Tochterländern ist durch den Krieg schwer bedroht worden, einmal, weil auf weniger gefährdeten Wegen Amerika und Japan ihn erfolgreich umwerben konnten, und dann, weil es unter den Kriegsverhältnissen nicht mehr möglich war, die Entwicklung der Industrie in den Kolonien selbst zu unterbinden. Um so mehr ist England jetzt bestrebt, das Imperium wirtschaftspolitisch fester zusammenzufügen, den Bezug der wertvollsten Rohstoffe aus dem Kolonialgebiet für die englische Industrie zu sichern und den Absatzmarkt der Tochterländer von fremden Konkurrenten zu säubern. Im Stammlande des Freihandels wächst somit die Neigung zur Annäherung an die Bahnen der französischen Kolonialpolitik. Nur hat Frankreich es mit weit erheblich abhängigeren, politisch und wirtschaftlich leichter zu führenden Kolonien zu tun, wogegen mindestens die britischen Dominien schon zu außerordentlich starkem Selbständigkeitsgefühl erwachsen sind. Es braucht nur auf die Vereinigten Staaten von Südafrika erinnert zu werden, die, mit holländischen und deutschen Elementen stark durchsetzt, heute nicht entfernt mehr in früherem Maße von London abhängig sind, sondern sich notfalls ihre Kredite auch in New York holen und ihren Ein- und Ausfuhrhandel (Wolle, Edelsteine!) direkt auf die Vereinigten Staaten einstellen könnten. Im Außenhandel Kanadas spielten übrigens schon vor dem Kriege die Vereinigten Staaten eine ungleich größere Rolle als England. Solange die Londoner City den Geldmarkt beherrschte, waren die Gefahren für das Imperium gering zu veranschlagen, die sich seit der Vorherrschaft des Dollars als finanzieller Weltmaßstab doch recht wesentlich gesteigert haben.

### 3. Mittel- und Südamerika.

Mit der wirtschaftlichen Macht der Vereinigten Staaten, die immerhin eine gewisse Grenze findet in dem erfolgreichen Streben der vorhandenen Bevölkerung nach Eindämmung neu zuwandernder Konkurrenz an Arbeitskräften — wodurch die Produktionskosten naturgemäß hoch gehalten werden —, steigen auch die Aussichten Nordamerikas auf die Vormundschaft über Süd- und Mittelamerika. Allerdings erzeugt der Druck auch Gegendruck und das lateinische Amerika sucht sich gegen die angelsächsische Beherrschung nach Kräften zu wehren. Nachdem der französisch-englische Weltkrieg von 1756 bis 1763 den Anstoß zu der Selbständigkeitsbewegung in Nordamerika gegeben, machte sich das lateinische Amerika im Anschluß an den Weltkrieg der napoleonischen Zeit unabhängig. Aber eine endlose Kette innerer Wirren, der kulturelle Tiefstand der eingeborenen und die geringe Zahl der eingewanderten Bevölkerung ließ nur langsam politische Konsolidierung und wirtschaftliches Emporkommen vorwärtsschreiten. Die Länder der südlichen Halbkugel sind ohnehin benachteiligt durch ihre dem Norden gegenüber größere Vereinsamung, die weiteren Verkehrswege über das Meer zu den großen Märkten und Menschenreservoiren, auch meist klimatisch weniger begünstigt und ärmer an Schätzen der Erdkruste, die eine industrielle Verwertung an Ort und Stelle ermöglichten.

Mittelamerika mit den westindischen Inseln ist für den Weltmarkt wichtig als Lieferant von Petroleum, Zucker, Kaffee, Kupfer, Silber, Gold, Kautschuk, Tabak, Kakao und Südfrüchten. Auch Kolumbien und Venezuela sind namentlich Kaffee-, Kakao- und Kautschuk-Lieferanten. Die ersten Kolonisationsversuche in Venezuela wurden übrigens von dem Augsburger Hause der Welser unter Karl V. unternommen. Die größe Ausfuhr der südamerikanischen Staaten hatte vor dem Kriege Argentinien, das große Mengen Mais, Weizen, Wolle, Häute, Leinsaat und Fleisch verschickte. Brasilien war Hauptversorger des Weltmarkts mit Kaffee und Kautschuk, Chile mit Salpeter. Spezialität Argentiniens ist außerdem der Gerbstoff Quebracho und Fleischextrakt, Brasiliens Mate, Piassava und Brasiltabak. Auch Gold und Manganerz wird ausgeführt. Nach dem Kriege hat sich die Ausfuhr Südamerikas stark fortentwickelt.

An der Einwanderung sowohl in Argentinien wie in Brasilien haben während des letzten Jahrhunderts die Italiener den prozentual stärksten Anteil gehabt. Die germanische Einwanderung stand hinter der romanischen sehr weit zurück — ganz im Gegensatz zu den Vereinigten Staaten, wo in der Zeit von 1821 bis 1913 die deutsche Einwanderung den ersten Platz behauptet hatte. (Es mag hier eingeschaltet werden, daß von den 13,5 Millionen Menschen, die von 1821 bis 1885 in die Vereinigten Staaten einwanderten, über 4 Millionen = 30% Deutsche waren, 23% Iren, nur 18% Engländer; in den folgenden Jahren stieg dann der slawische Anteil.) Dagegen zählte Argentinien im Jahre 1914 nur 27000 Deutsche neben 930000 Italienern und 830000 Spaniern, und in dem gleichen Zeitraum, in dem die Vereinigten Staaten 5,5 Millionen deutsche Einwanderer zählten, d. i. seit 1821 bis zum Kriege, gingen nach Brasilien nur 127000 Deutsche neben 1,4 Millionen Italienern, 1 Million Portugiesen und ½ Million Spaniern. So arbeitsam nun auch der Italiener und sonstige romanische Südeuropäer sein kann, wenn er aus dem weichen Klima der übervölkerten Heimat unter härtere Lebensbedingungen kommt, so sehr steht doch die Initiative der romanischen Auswanderer hinter der der germanischen zurück, wo es sich um großzügige Neuschöpfung handelt. Zudem herrschen besonders in Argentinien Grundbesitzverhältnisse, die es etwa einem deutschen Bauern äußerst schwer machen würden, ein selbständiges Fortkommen zu finden. Prozentual — wenn auch keineswegs absolut — war die Einwanderung Deutscher in Chile, dem Lande, wo sie die beste Aufnahme in ganz Südamerika fanden, viel stärker. Dort lebten nach der Zählung des Jahres 1910 von Europäern 19000 Spanier, 13000 Italiener, 11000 Deutsche, 10000 Engländer, 9000 Franzosen. Im Kriege flüchteten noch viele Deutsche aus italienischer Umgebung aus Brasilien und Argentinien nach Chile. Und dieses Land ermangelte nicht des industriellen Aufschwungs, indessen die wirtschaftliche Nutzung der keineswegs geringen Bodenschätze des östlichen Südamerikas doch nur in recht gemächlichem Tempo vor sich geht. Und doch böte das Klima germanischer Einwanderung auf weite Strecken allerlei Möglichkeiten, die weit hinausgehen über das harte Bauernlos unserer alten Landsleute in den Südprovinzen Brasiliens. Südamerika ist geoökonomisch recht lehrreich, weil es zeigt, daß es keineswegs auf den Boden allein ankommt, sondern auf die Bearbeiter, die er aufnimmt oder denen er sich mehr oder weniger verschließt.

## 4. Die ostmitteleuropäische Neubauzone.

Kehren wir nun nach Europa zurück, so müssen wir zunächst mit einer großen Lücke beginnen. Das an Umfang und Volkszahl weitaus größte, außerdem ganz Nordasien und Teile Mittelasiens umspannende Zarenreich, eine riesige Kornkammer Europas, befindet sich wirtschaftlich in einem Zustande, der eine Einfügung in halbwegs exakte Betrachtungen zur Zeit unmöglich macht. Wir wissen, daß Rußland große Mengen Getreide zu liefern vermochte — wissen aber auch, daß seine Bauern selber damals oft darbten, in größter Bedürfnislosigkeit lebten, und daß sie von sich aus durchaus nicht das Streben haben, eine große Überschußproduktion zu liefern. Wir kennen auch ungefähr die Kohle- und Erzschätze des Landes, seinen Holzreichtum, seine Petroleumvorkommen, den Reichtum an Felle lieferndem Getier; wissen, daß sich Sibirien zu einem großen Butterausfuhrland entwickelt hatte, daß Millionenwerte an Eiern und Geflügeln, an Flachs und Hanf aus dem alten Rußland kamen. Aber was wissen wir davon, wann und in welchem Grade die russische Wirtschaft wieder zu einem sicher übersehbaren Markt ausgestaltet sein wird? Und welche Geldgeber dann einzelne Produktionszweige monopolisiert haben werden — sei es auch nur, um sie weiter stillgelegt zu halten und nicht als Konkurrenten der eigenen Produktion zu dulden? Rußland bleibt vorläufig das große Fragezeichen der Weltwirtschaft. Die Möglichkeiten des Bodens liegen offen — die Möglichkeiten der Bearbeitung sind verhüllt. Erdfremde Theorie hat ihre Zerstörungsarbeit geleistet und erdhafte Wirtschaftsauffassung wird schwere Mühe haben, sich endlich sieghaft durchzusetzen, zumal bei der Natur des Ostslawen, der mit einem so reichlichen Maße asiatischer Ruhe bedacht ist. Auch hier, wie in Südamerika, hilft es wenig, zu wissen, was der Boden hergeben könnte, wenn man nicht die Wege weisen kann, auf dem ihm die geeignete Bearbeitung zuteil würde. Die theoretisch für Kultureuropa, besonders für Deutschland, vorliegende Möglichkeit, sich durch Nutzung der Randgebiete des Schwarzen und des Kaspischen Meeres in wesentlichem Umfange aus der wirtschaftlichen Abhängigkeit von Amerika zu lösen, habe ich in meiner „Politischen Geographie" so eingehend dargelegt, daß ich mich hier um so weniger wiederholen möchte, als es ja doch eben einstweilen an jeder Öffnung eines praktisch gangbaren Weges fehlt.

Manches Fragezeichen werden wir auch stehen lassen müssen, wenn wir uns vom heutigen Rußland zu den vom alten Zarenreich abgetrennten Randstaaten wenden. Nur Finnland ist hier ein klar übersehbarer, wenn auch nur verhältnismäßig kleiner Wirtschaftsfaktor. Seine Ausfuhr an Holz und Holzfabrikaten jeder Art — vor dem Kriege im Werte von 1/4 Milliarde Goldmark — stellt einen immerhin bedeutsamen Posten dar. Das Volk hängt (bei allen nationalistischen Regungen der Finnen) kulturell an Schweden und Deutschland und sollte zu fortdauernder Verengerung der Beziehungen deutscherseits auch als Reiseziel stärkere Beachtung finden, wozu der angenehme Wasserweg über die Ostsee, die Sauberkeit der Gaststätten, die gute Verpflegung und der herrliche Luftkurcharakter des Landes der Seen und Wälder es hinlänglich geeignet machen.

Estland, Lettland und Litauen sind uns alte Vertraute. Es brauchen nur die Namen Reval und Dorpat, Riga, Mitau und Libau, Schaulen und Tauroggen genannt zu werden. Von den alten wirtschaftlichen Lieferungen Rußlands hatten hier besonders Flachs, Holz und Fische ihren Ursprung. Um die wirtschaftliche Selbständigkeit dieser staatlichen Neubildungen ist es fraglich bestellt, zumal nachdem kleinnationalistischer Geist die alte deutsche Führung glaubte abschütteln zu sollen und nachdem das verhältnismäßig aussichtsreichste Litauen durch Polen so eingeschnürt worden ist, daß es nur ja nicht einen Durchgang von Deutschland nach Rußland bilden kann. Wer von uns, der das heiße militärische Ringen um Wilna miterlebt, hat wohl je gedacht, daß er dieses Gebiet gerade für Polen erkämpfen sollte!

Mit weniger als zwei Dritteln polnischen Anteils an der Gesamtbevölkerung bildet Polen selbst ein auch mit wirtschaftlichen Fremdkörpern stark durchsetztes Reich mit höchst gekünsteltem Zugang zum Meer. Wenn die Polen heute der Welt verkünden, daß sie sich künftig auf ihren Kriegs- und Handelshafen Gdingen stützen und das zweifelsfrei deutsche Danzig kaltstellen würden, so handelt es sich hierbei teils um einen großen Bluff, teils um in den Ufersand geworfenes Geld der französischen Gönner. Die Bucht von Gdingen ist mir zufällig genau genug bekannt. Hier habe ich als Kind die ersten Landungsmanöver der kleinen deutschen Flotte beobachtet, und nach Jahrzehnten habe ich sie im Flugzeug überflogen, wobei man bekanntlich den Meeresboden und die Abdachung der Küste sehr genau überschauen kann. Dieses seichte Wasser an einer Küste mit ungünstigem Bahnzugang als Konkurrenz der natürlichen Weichselmündung aufmachen zu wollen, würde als Schildbürgerstreich erscheinen, wenn der Bluff nicht ernsten politischen Hintergrund hätte.

Obwohl Polen in den Besitz reichen deutschen Ackerbodens und noch weit reicherer Kohlen- und Erzschätze Oberschlesiens gelangt ist, verzeichnet es doch — obendrein bei rapid anschwellender äußerer Verschuldung — eine ungünstige Handelsbilanz. Es ernährt seine Bevölkerung nicht vom eigenen Boden, und trotzdem es in der Lage ist, Kohle zu exportieren, ist die Einfuhr von Rohstoffen und Fabrikaten doch weit höher als die Ausfuhr. So schlecht es seinen alten Anteil an dem großen Kohlenbecken zu nutzen gewußt hat, so schnell ist auch in seinem neuen Anteil in Oberschlesien die Wirtschaft zurückgegangen. Der Haß gegen die deutschen Kulturträger läßt einen Fortschritt nicht aufkommen.

Trotzdem das alte Reich der Habsburger angeblich nach den Grundsätzen vom Selbstbestimmungsrecht der Völker aufgeteilt ist, bildet der reichste Erbe, die Tschechoslowakei, doch nur einen Nationalitätenstaat weitgehender Zersplitterung, in dem die eigentlichen Tschechen nicht einmal die Hälfte der Bevölkerung bilden, die Deutschen mehr als ein Viertel, die Slowaken ein Fünftel; der Rest verteilt sich auf Ungarn, Polen, Ruthenen usw. Das Land ist von Natur reich und wirtschaftlich unter führendem deutschen Anteil hoch entwickelt. Auch der Tscheche selbst ist ein wesentlich besserer Wirtschafter als der Pole. Der Nationalitätenkampf wirkt aber auch hier hemmend. Der Zuschußbedarf an Nahrungsmitteln wird durch die industrielle Ausfuhr überreichlich ausgeglichen, so daß die Handelsbilanz der Tschechei stark aktiv ist. Geographische Nachteile des neuen Staatengebildes sind seine weite Abgeschiedenheit vom Meer und die langgestreckte Form, die sich durch die Quergebirge verkehrspolitisch besonders unbequem auswirkt. Anderseits genießt Böhmen den Vorteil einer ausgezeichneten Mittellage auf dem europäischen Festland.

Bei noch unglücklicherer äußerer Gestalt ist das heutige Österreich ein auch wirtschaftlich nicht lebensfähiges Gebilde mit einem erschreckenden Bedarf an Nahrungsmittelzufuhr bei nur bescheidener Ausfuhr von Industrieerzeugnissen und Holz. Die Landeshauptstadt liegt nahe der heutigen Grenze und die österreichischen Alpenländer bilden weit abseits von ihr einen schmalen, ziemlich isolierten Streifen.

An Fläche und Bevölkerung, auch an Volksdichte Österreich überlegen, befindet sich auch Ungarn zwar in eingeschnürter Lage, aber doch mit dem Vorteil einer wesentlich größeren Abrundung und eines weit fruchtbareren Bodens, dem die Donau gerade mitten im Land eine günstigere Verkehrsgestaltung gibt. Bei stärkerer Intensivierung seiner Landwirtschaft vermöchte Ungarn sich wirtschaftlich zweifellos günstiger zu entwickeln; aber das magyarische Agrarsystem ist technisch und sozial gleich rückständig und der Nationalstolz zu groß, um fremde Förderung aufkommen zu lassen.

Ein Nationalitätenstaat wiederum ist das südslawische Königreich der Serben, Kroaten und Slovenen, das zwar, im Gegensatz zu Altserbien, eine ausgedehnte Küste, aber gleichwohl keinen einigermaßen günstig gelegenen Hafen gewonnen hat. Der schroffe Anstieg der dalmatinischen Küste erschwert den Verkehr so bedeutend, daß die Donau doch seine Hauptader bleibt. Während Altserbien mit leidlich guten Kulturen und nicht unintelligenter Bevölkerung Ausfuhrüberschüsse an Weizen und Mais, Pflaumen und Schweinen bzw. Speck erzielte, ist es heute um die südslawische Handelsbilanz erheblich ungünstiger bestellt. Dem Gewinn an politischer Macht entspricht keine Stärkung der wirtschaftlichen Position.

Rumänien, das sich an Umfang und Einwohnerzahl (unter Einverleibung zahlreicher Fremdkörper) mehr als verdoppelt hat, besitzt heute auf der Karte eine fast beispiellos abgerundete Gestalt, die aber nicht zu voller praktischer Auswirkung kommen kann, da die Karpathen das Land zerschneiden. Immerhin verfügt es in Donau, Sereth, Pruth und Dnjestr über außerordentlich wertvolle Wasserläufe, über einen fruchtbaren Mais- und Weizenboden, große Erdölfelder und einen gewaltigen Fischreichtum. Wie viel es wirtschaftstechnisch noch zulernen könnte, hatten wir während des Krieges genügend zu studieren Gelegenheit. Es ist ein wirtschaftlich sehr bevorzugtes, aber unter einer ganz durchsichtigen Firnisschicht kulturell äußerst zurückgebliebenes Land.

Dem südlichen Nachbarn Bulgarien ist der so notwendige Zugang zum Ägäischen Meer wieder genommen worden, damit zugleich ein Teil des wervollsten Tabakbodens. Der Tabak aber bildet nach wie vor den wertvollsten Bestandteil der bulgarischen Ernte. Daneben werden Mais und Weizen sowie Felle und Häute im Überschuß gewonnen. Landesspezialität bildet das Rosenöl aus den südlichen Tälern des Balkans. Die während des Krieges besonders empfindbar gewordene industrielle Abhängigkeit sucht man durch Industrieförderung zu mindern. Aussichtsreich wäre namentlich die Lederindustrie. Bei allem Bedarf an ausländischen Kapitalien hemmt aber nationalistische Besorgnis vor dem Eindringen fremder Wirtschafter den erforderlichen technischen Fortschritt. Auch die Landwirtschaft bewegt sich, wie auf dem ganzen Balkan, noch in sehr primitiven Formen und statt von Viehzucht kann man nur von Viehhaltung sprechen. Das Verkehrswesen haben deutsche Eisenbahntruppen während des Krieges um ein gut Teil gefördert. Große Zukunft verspricht u. a. noch sachgemäße Nutzung der Forsten.

Unter alter Waldverwüstung leidend, ist Griechenland auch heute nach seiner weiten Ausdehnung um die Ägäische Küste herum immer noch ein Land, das mit seinen Lebensbedürfnissen jeder Art auf ausländische Zufuhr angewiesen ist und dem Weltmarkt nur einige Spezialitäten liefert: den besten Zigarettentabak, mehr Korinthen als er aufzunehmen vermag, Wein und Südfrüchte nebst Olivenöl. Getreide und Vieh, Kohle und Holz muß es einführen, von Industrieerzeugnissen ganz zu schweigen. Die thrazische Küste ist übrigens zum Teil baumwollfähig und wäre durch Meliorationen noch zu hohem wirtschaftlichem Wert über die Tabakernte hinaus zu heben. Aber der Grieche ist weit mehr Händler als Ackerbauer und wird die ihm zugefallenen Möglichkeiten wenig zu nutzen verstehen.

Das ganze hier behandelte Ostmitteleuropa vom Eismeer bis zum Kretischen Meer ist eine Zone der Unsicherheit. Finnland richtet sich wieder auf nach der russischen Herrschaft, fürchtet aber den Rückfall und sucht daher Anschluß an diejenigen

Nachbarn Rußlands, bei denen es am sichersten die gleiche Abwehrstellung nach Osten zu finden sucht. Vom Finnischen Meerbusen bis zum Adriatischen und Ägäischen Meer stoßen wir auf politischen Neubau von großenteils recht fraglicher Gestalt und Dauerhaftigkeit. Mit einziger Ausnahme Böhmens stehen alle diese Länder in starker wirtschaftlicher Abhängigkeit vom Ausland und ermangeln mehr oder weniger der inneren Kraft, sich daraus zu befreien. Die gesundesten wirtschaftlichen Grundlagen finden wir noch auf der Linie zwischen dem Elbedurchbruch und der Donaumündung. Zum sehr großen Teil ist die Bevölkerung den wirtschaftlichen Möglichkeiten des Bodens nicht gewachsen. Bei etwas weniger Eigendünkel und nationalistischer Furcht vor fremdem Eindringen ergäben sich hier zahllose Betätigungsfelder für die Bringer technisch-wirtschaftlichen Fortschritts und überschüssiger Arbeitskraft aus dem wenigstens der nördlichen und mittleren Gruppe, aber auch den unteren Donauländern nächstgelegenen alten Kulturland — aus Deutschland.

Unter diesem Gesichtspunkt erscheint es wohl gerechtfertigt, daß wir gerade diesem östlichen Länderstrich eine längere Betrachtung widmeten, zumal es sich hier ja um große, durch den Krieg hervorgerufene Veränderungen handelt, wogegen die übrigen Länder Mittel- und West-, Nord- und Südeuropas ja in der Hauptsache auf ihrer alten Wirtschaftsbasis verblieben sind, eingetretene Änderungen — abgesehen von dem schon oben in großem Zusammenhang besprochene Frankreich — jedenfalls nicht grundlegende Verschiebungen der wirtschaftlichen Verhältnisse bedeuteten. (Der Umstand, daß Verfasser zwischen 1915 und 1924 Gelegenheit gehabt hat, auf der Linie von Nyslott am finnischen Saimasee bis Kavalla am Ägäischen Meer vielerlei persönliche Studien zu machen, begünstigte obendrein die geoökonomische Nachprüfung gerade dieses Gebietes.)

## II. Und Deutschland?

### 1. Deutscher und fremder Anteil an Erd-Raum und -Bevölkerung.

Bei aller politischen Hinfälligkeit, bei aller Entwaffnung und internationalen Kontrolle behauptet Deutschland doch immer noch den Rang einer Großmacht, sowohl hinsichtlich der äußeren Form der diplomatischen Vertretung wie des Platzes, den es im Völkerbund zu beanspruchen hätte.

Wollen wir die Staaten nach der Volkszahl klassifizieren, so müssen wir uns auf Europa beschränken, zumal es in anderen Erdteilen vorkommt, daß Länder mit über 300 Millionen Einwohnern weltpolitisch inaktiv oder gar kolonial hörig sind. In Europa hat sich nun nach dem Kriege die Zersplitterung noch gesteigert. Aus dem Kreise der sechs großen Mächte mit mehr als 30 Millionen Einwohnern ist das Habsburgerreich ausgeschieden. Die Reihenfolge der anderen ist nach der Zahl der europäischen Bevölkerung:

| | | |
|---|---|---|
| Rußland: | | |
| von Moskau abhängige Gouvernements | 60 | Millionen |
| autonome Freistaaten . . . . . . . | 6 | „ |
| Ukraine und Weißruthenen . . . . . | 28 | „ |
| | 94 | Millionen |
| (dazu in Asien . . . . . . . . . . | 36 | „ ) |
| Deutschland . . . . . . . . . . . . . | 60 | „ |
| England . . . . . . . . . . . . . . | 44 | „ |
| Frankreich . . . . . . . . . . . . . | 40 | „ |
| Italien . . . . . . . . . . . . . . . | 39 | „ |

Danach steht das eigentliche Moskowiter-Rußland heute an Bevölkerungszahl auf einer Stufe mit Deutschland) und erst unter Zuzählung der autonomen Freistaaten sowie der Ukraine nebst den gesamten altrussischen Freistaaten in Asien kommen wir auf die Bevölkerungszahl, die das europäische Rußland allein heute haben würde, wenn die Entwicklung nicht so jäh unterbrochen worden wäre. Der enorme Bevölkerungsschwund wird durch Gegenüberstellung der Daten von 1911 und 1921 beleuchtet: Moskau 1911: $1^1/_2$ Millionen Einwohner, 1921 (als Hauptstadt!): nur 1 Million; Petersburg 1911: 2 Millionen, 1921: 700000.

Umfaßten die europäischen Großstaaten der eben betrachteten Gruppe vor dem Kriege über drei Viertel der gesamteuropäischen Bevölkerung und vier Fünftel des europäischen Bodens, so beträgt gegenwärtig ihr Anteil in beiden Beziehungen nicht mehr volle zwei Drittel. Auf ihre Kosten ist die Gruppe mit einer Bevölkerungszahl von 10 bis 30 Millionen wesentlich vermehrt. Sie wurde vor dem Kriege nur durch Spanien mit 20 Millionen repräsentiert. Jetzt gehören zu ihr:

| | |
|---|---|
| Polen | 27 Millionen |
| Spanien | 21 " |
| Rumänien | 16 " |
| Tschechoslowakei | 14 " |
| Südslavien | 12 " |

Das sind 15% der euroäischen Bevölkerung und fast ein Fünftel des Bodens.

Auch die Zahl der kleineren Staaten mit weniger als 10 Millionen Einwohnern hat sich vermehrt, obwohl Rumänien durch Aufrücken in die höhere Gruppe ausgeschieden ist. Hierher gehören jetzt:

| | |
|---|---|
| Ungarn | 8 Millionen |
| Belgien | 7,5 " |
| Holland | 7 " |
| Österreich | 6,6 " |
| Schweden | 6 " |
| Portugal | 5,6 " |
| Griechenland | 5 " |
| Bulgarien | 5 " |
| Schweiz | 4 " |
| Finnland | 3,4 " |
| Dänemark | 3,3 " |
| Norwegen | 2,6 " |
| Litauen | 2 " |
| Lettland | 1,9 " |
| Türkei | 1,2 " |
| Estland | 1,1 " |

Diese Staaten nehmen fast ein Viertel des europäischen Bodens ein, bergen aber nur etwa denselben Bevölkerungsanteil wie die vorige Gruppe. Der Rest entfällt auf Zwergstaaten, unter denen auch Danzig zu suchen ist.

Deutschland stand in Europa vor dem Kriege hinsichtlich der Bodenfläche an dritter Stelle hinter Rußland und Österreich-Ungarn, hinsichtlich der Volkszahl an zweiter Stelle nach Rußland. Diesen letzteren Platz hat es behauptet. An Bodenfläche aber wird es heute durch Rußland, Frankreich und Spanien übertroffen und steht nicht mehr um 10% über Schweden, vor dem es früher einen Vorsprung von fast 25% hatte.

Sehen wir uns nun aber auf dem gesamten Globus um, so werden wir uns mit einem Schlage unserer Zurücksetzung in ihrem ganzen Umfange bewußt. Von der Bodenfläche aller fünf Erdteile beherrscht

| | | |
|---|---|---|
| England . . . . . . . . . . . . . | 35,6 | Millionen qkm |
| Rußland . . . . . . . . . . . . . | 20,4 | „ „ |
| Frankreich . . . . . . . . . . . | 12,7 | „ „ |
| China . . . . . . . . . . . . . . | 11 | „ „ |
| Vereinigte Staaten . . . . . . | 9,7 | „ „ |
| Brasilien . . . . . . . . . . . . | 8,5 | „ „ |
| Argentinien . . . . . . . . . . | 3 | „ „ |
| Belgien . . . . . . . . . . . . . | 2,5 | „ „ |
| Portugal . . . . . . . . . . . . | 2,2 | „ „ |
| Holland . . . . . . . . . . . . . | 2 | „ „ |
| Italien . . . . . . . . . . . . . | 1,9 | „ „ |
| Spanien . . . . . . . . . . . . . | 0,8 | „ „ |
| Japan . . . . . . . . . . . . . . | 0,7 | „ „ |
| Deutschland . . . . . . . . . . | 0,47 | „ „ |

Vor dem Kriege betrug Deutschlands Anteil 3,5 Millionen, und stand also zwischen Brasilien und Argentinien an siebenter Stelle, unter den europäischen Kolonialmächten an vierter Stelle.

Die Reihenfolge nach der Bevölkerungszahl ist:

| | | |
|---|---|---|
| England . . . . . . . . . | 450 | Millionen |
| China . . . . . . . . . | 400—450 | „ |
| Rußland . . . . . . . . . | 130 | „ |
| Vereinigte Staaten . . . . | 126 | „ |
| Frankreich . . . . . . . . . | 92 | „ |
| Japan . . . . . . . . . . . | 78 | „ |
| Deutschland . . . . . . . . | 60 | „ |

| | | |
|---|---|---|
| Holland . . . . . . . . . . | 54 | Millionen |
| Italien. . . . . . . . . . . | 40 | " |
| Brasilien . . . . . . . . . | 30 | " |
| Belgien . . . . . . . . . . | 27 | " |
| Spanien . . . . . . . . . . | 21 | " |
| Portugal . . . . . . . . . | 14 | " |
| Argentinien . . . . . . . . | 9 | " |

Vor dem Kriege standen unter deutscher Herrschaft 5% der Erdbewohner und 2,6% des Erdbodens. Heute 3,5% der Gesamtbevölkerung des Erdballs und nur 0,3% des Bodens. Unter europäischer Herrschaft insgesamt stehen in Asien noch 50% des Bodens und 45% der Bevölkerung, in Amerika 25% des Bodens, aber nur 6% der Bevölkerung, England beherrscht mehr als ein Viertel sowohl des Erdbodens wie der Erdbewohner, Frankreich über 9% des Bodens und gegen 5,5% der Bevölkerung, die Vereinigten Staaten rund je 7% des Bodens und der Bevölkerung. Die Zahlenvergleiche bezüglich der Bevölkerung sind etwas ungewiß, da China wahrscheinlich noch stärker bevölkert ist als die landläufigen Aufzeichnungen der statistischen Handbücher angeben. Man wird aber, ganz grob gerechnet, sagen können, daß Deutschland vor dem Kriege 50% Boden zu wenig hatte, heute aber das Zehn- bis Zwölffache der ihm verbliebenen Bodenfläche beanspruchen könnte. Dem erdräumlich zusammengehörigen Deutschtum in Mitteleuropa, das für sich allein über 5% der Erdbevölkerung bildet, würden sogar 6½ Millionen qkm der bewohnbaren Erdoberfläche gebühren, wogegen England nur auf 3½ Millionen (statt 35!) Anspruch hätte.

Über die Verteilung der Erdräume und Erdbewohner unter die wichtigsten Weltmächte findet sich in „Westermanns Weltatlas" eine Tabelle, die hier eingefügt sein mag, jedoch mit der ausdrücklichen Vorbemerkung, daß diese Aufstellung kritisch gelesen werden will und die Zahlen teilweise nach den neuesten internationalen statistischen Nachschlagewerken bereits einer zum Teil nicht ganz unwesentlichen Korrektur bedürfen (weshalb die Angaben in den vorstehenden Abschnitten auch nicht ganz mit dieser Tabelle übereinstimmen.)

## Aufteilung der Erde nach dem Kriege.

(11 000 000 qkm arktische Gebiete, von denen noch 400 000 qkm den Engländern gehören, sind nicht mitgerechnet.)

### A. Dem Flächeninhalt nach (qkm in 1000):

I. Europäische Staaten

| Länder | Asien | Amerika | Afrika | Europa | Australien | Gesamtreiche |
|---|---|---|---|---|---|---|
| England . . . . . | 5 200 | 10 400 | 11 200 | 315 | 8 510 | 35 600 |
| (Rußland . . . . . | 16 600 | — | — | 4 500 | — | 21 100) |
| Frankreich . . . . . | 800 | 90 | 11 200 | 551 | 22 | 12 690 |
| (Deutschland vor dem Kriege . . . . . | 550 | — | 2 720 | 541 | 245 | 3 510) |
| Belgien . . . . . | — | — | 3 420 | 30 | — | 2 450 |
| Portugal . . . . . | 20 | — | 2 100 | 91 | — | 2 210 |
| Niederlande . . . . | 1 500 | 130 | — | 34 | 400 | 2 060 |
| Italien . . . . . . | — | — | 1 600 | 312 | — | 1 910 |
| Spanien . . . . . | — | — | 310 | 505 | — | 820 |
| Deutschland . . . . | — | — | — | 474 | — | 474 |
| Europäischer Besitz . | 24 100 | 10 620 | 28 830 | 10 000 | 8 830 | 82 500 |
| II. Außereuropäische Staaten | | | | | | |
| China . . . . . . . | 11 100 | — | — | — | — | 11 000 |
| Vereinigte Staaten . | 300 | 9 400 | — | — | 18 | 9 700 |
| Brasilien . . . . . | — | 8 500 | — | — | — | 8 500 |
| Argentinien . . . . | — | 3 000 | — | — | — | 3 000 |
| Japan . . . . . . | 680 | — | — | — | 2.5 | 680 |
| Erdteile . . . . . . | 44 000 | 43 000 | 30 000 | 10 000 | 9 000 | 136 000 |
| Es sind in europ. Besitz | 55 % | 25 % | 96 % | 100 % | fast 100 % | 60 % |

### B. Der Einwohnerzahl nach (Angaben in 1000):

I. Europäische Staaten

| Länder | Asien | Amerika | Afrika | Europa | Australien | Gesamtreiche |
|---|---|---|---|---|---|---|
| England . . . . . | 325 000 | 11 300 | 60 900 | 46 300 | 7 600 | 451 000 |
| (Rußland . . . . . | 30 000 | — | — | 112 000 | — | 142 000) |
| Frankreich . . . . . | 17 000 | 500 | 35 300 | 39 100 | 90 | 92 000 |
| (Deutschland vor dem Kriege . . . . . | 230 | — | 11 500 | 68 000 | 640 | 80 400) |
| Deutschland . . . . | — | — | — | 61 000 | — | 61 000 |
| Niederlande . . . . | 47 000 | 200 | — | 6 800 | 200 | 54 200 |
| Italien . . . . . | — | — | 1 600 | 38 700 | — | 40 300 |
| Belgien . . . . . | — | — | 18 000 | 7 500 | — | 25 500 |
| Spanien . . . . . | — | — | 600 | 20 800 | — | 21 400 |
| Portugal . . . . . | 400 | — | 7 700 | 5 800 | — | 13 900 |
| Europäischer Besitz . | 419 000 | 12 000 | 124 100 | 463 000 | 7 930 | 1 026 000 |

II. Außereuropäische Staaten

| Länder | Asien | Amerika | Afrika | Europa | Australien | Gesamtreiche |
|---|---|---|---|---|---|---|
| China . . . . . . | 330000 | — | — | — | — | 330000 |
| Vereinigte Staaten . | 9100 | 107100 | — | — | 250 | 118000 |
| Japan . . . . . . | 78000 | — | — | — | 70 | 78000 |
| Brasilien . . . . . | — | 30500 | — | — | — | 30000 |
| Argentinien . . . . | — | 8500 | — | — | — | 8500 |
| Erdteile . . . . . | 900000 | 212000 | 136000 | 463000 | 7390 | 1720000 |
| Unter Europas Herrschaft stehen . . . | 47 % | 6 % | 91 % | 100 % | 96 % | 60 % |

Es stehen demnach nach dem Weltkrieg

| | vom Boden der Erde | von der Bevölk. in % | | vom Boden der Erde | von der Bevölk. in % |
|---|---|---|---|---|---|
| unter europ. Herrschaft | 60 | 60 | unter belgisch. Herrschaft | 1,7 | 1,5 |
| „ englischer „ | 26,2 | 26,2 | „ portug. „ | 1,6 | 0,8 |
| ( „ russischer „ | 15,4 | 8,3) | „ niederl. „ | 1,5 | 3,2 |
| „ französisch. „ | 9,3 | 5,4 | „ italien. „ | 1,4 | 2,3 |
| „ chinesischer „ | 8,2 | 19,2 | „ spanisch. „ | 0,6 | 1,2 |
| „ ver. staatl. „ | 7,1 | 6,8 | „ japanisch. „ | 0,5 | 4,5 |
| „ brasilian. „ | 6,3 | 1,8 | „ deutscher „ | 0,3 | 3,5 |
| „ argentin. „ | 2,2 | 0,5 | (dasselbe vor d. Kriege | 2,6 | 4,9) |

Dem letzten Teil der Aufstellung, dem Vergleich zwischen Verfügungsgewalt über den Anteil der einzelnen Mächte an dem Erdboden und an der Bevölkerung, glaube ich eine von anderer Grundlage ausgehende Aufstellung entgegenhalten zu sollen. Ein wirklich klares Bild der Verteilung der Erdräume unter die herrschenden Mächte ergibt sich selbstverständlich erst dann, wenn man nicht die Gesamtbevölkerung des beherrschten Bodens in Rechnung stellt, sondern die Bevölkerung des Stammlandes mit der Gesamtheit des beherrschten Bodens vergleicht. Hieraus ergibt sich ein noch viel krasseres Bild weltpolitisch „überernährter" und „unterernährter" Staaten und Völker. Vergleicht man nämlich die insgesamt 136 qkm bewohnbarer Erdoberfläche mit den insgesamt rund 1700 Millionen Erdbewohnern, so ergibt sich im großen Durchschnitt 1 qkm für $12^1/_2$ Köpfe —

oder: es entfallen auf 1 Million Menschen 80000 qkm. Nach dieser Formel: 1 Million = 80000 qkm Durchschnittsanspruch läßt sich errechnen, welche Völker in übermäßigem Bodenbesitz und welche in großem Bodenmangel leben. Hier seien nur einige Spitzengruppen angeführt:

| Es besitzt | bei Mill. Einwohner | 1000 qkm | Anspruch |
|---|---|---|---|
| England | 44 | 35600 | 3520 |
| Portugal | 6 | 2500 | 480 |
| Frankreich (ohne Deutsche) | 37 | 12660 | 2960 |
| Belgien | $7^1/_2$ | 2450 | 600 |
| Vereinigte Staaten | 105 | 10200 | 8400 |
| Spanien | 21 | 845 | 1680 |
| Italien | 38 | 1910 | 2960 |
| Japan | 55 | 684 | 4400 |
| Deutschland | 60 | 472 | 4800 |
| Mitteleuropäisches Deutschtum | 80 | 556 | 6400 |

Also: Großbritannien, das in den heutigen Grenzen seines Stammlandes 44 Millionen Briten zählt, herrscht in allen fünf Erdteilen zusammen über 35,6 Millionen qkm, indessen ihm nur 3,5 Millionen qkm zukämen. Es hat mehr als die zehnfache ihm gebührende Ausdehnung auf dem Erdenraum. Deutschland aber, das 4,8 Millionen qkm nach Maßgabe seiner Bevölkerung als deren natürlichen Nahrungsspielraum beanspruchen könnte, besitzt noch nicht ein Zehntel dieser Fläche. Das erdräumlich zusammenwohnende, durch künstliche Staatsgrenzen getrennte Deutschland in Mitteleuropa, das — ohne Einrechnung der Deutsch-Schweizer — rund 80 Millionen Köpfe zählt (auch die zerstreuten deutschen Siedlungen, wie etwa in Rußland, keineswegs mitgerechnet)[1]), besitzt an eigenstaatlichem Boden in Deutsch-

[1]) Deutsche in Mitteleuropa 1913:

| | |
|---|---|
| im alten Deutschen Reich | 67 Millionen |
| in Alt-Österreich | 10 „ |
| in Alt-Ungarn | 2 „ |
| | 79 Millionen |

Deutsche 1919 in

| | |
|---|---|
| Deutschland | 60 Millionen |
| Memelland | 0,1 „ |
| Danzig | 0,4 „ |

land und Österreich zusammen nur 556000 qkm bei natürlichem Anspruch auf 6,4 Millionen. Damit ist Deutschland und das Deutschtum hinsichtlich des Bodenbesitzes in schlimmster Weise unterernährt, ist bei der heutigen Verteilung der Erdräume durchaus und bei weitem Letzter.

Freilich versteht sich für erdhaftes Denken von selbst, daß man nicht 1 qkm = 1 qkm, nicht 1 Erdbewohner = 1 Erdbewohner setzen kann, sondern daß es auf die Ertragsfähigkeit des Bodens und die Arbeitsenergie des Menschen ankommt. Aber an Leistungsqualität braucht sich der Durchschnittsdeutsche gewiß nicht hinter dem Durchschnittsarbeiter zu verstecken (Beweis die deutschen Industriezweige, bei denen es nicht auf Beherrschung der besten Rohstoffe, sondern auf die wissenschaftlich-technische Methode ankommt — chemische Industrie —, und die auch von England anerkannten großen Leistungen der Deutschen in ihren jungen und spröden Kolonien). Bezüglich der Bodenqualität steht aber gerade England (Indien!) so günstig da, daß die Wirkung des großen Quantums nur noch gesteigert ist.

Am meisten Verständnis für unsere unerhört eingeengte Lage müßte eigentlich Japan haben, das mit etwa 3 % Anteil seiner Stammbevölkerung an der Erdbewohnerschaft nur 0,5 % Anteil am Erdboden hat, also sechsfache Ausdehnung zu erstreben berechtigt erschiene — was zwar hinter unserem moralischen Anrecht auf Ausdehnung weit zurückbleibt, aber doch nächst Deutschland die stärkste Benachteiligung verrät.

---

| | |
|---|---|
| Neu-Polen | 1,4 Millionen |
| Neu-Dänemark | 0,04 " |
| Neu-Belgien | 0,05 " |
| Elsaß-Lothringen | 1,5 " |
| Österreich | 6,5 " |
| Tschechei | 3,7 " |
| Neu-Italien | 1,5 " |
| Südslawien | 0,6 " |
| Ungarn und Rumänien | 2 " |
| | 77,8 Millionen. |

Dazu — ungerechnet die Deutschen in der Schweiz mit 2,6 Millionen — Alt-Polen und Galizien sowie das Wachstum des letzten Jahrfünfts — ergibt zusammen mindestens 80 Millionen Deutsche im mitteleuropäischen Raum, ohne die Deutschen in Rußland und andere entlegene und zersplitterte Volksteile.

## 2. Deutschland und der Weltmarkt.

Auch die Abhängigkeit vom Weltmarkt zeugt für den natürlichen Bedarf Deutschlands an Ergänzungsboden. Unmittelbar vor dem Kriege hatte Deutschland seine Aus- und Einfuhr mit ungefähr je 10 bis 11 Milliarden Mark fast genau ausbalanziert. Es war mit seiner starken Bevölkerung auf relativ spärlichem Boden auf diese Einfuhr angewiesen und ebenso auf die Ausfuhr zum Zweck der Bezahlung notwendiger Einfuhr. Damit stand es als Ausfuhrland fast auf gleicher Stufe mit England. Wenn England eine erheblich größere Einfuhr verzeichnete (die es sich infolge seines Gewinns aus Schiffsfrachten, überseeischen Kapitalanlagen usw. bequem leisten konnte), so war das nur eine Folge völliger Vernachlässigung der englischen Landwirtschaft. Von Natur aus wäre dieses Einfuhrplus bei der günstigen klimatischen Lage Englands und Irlands durchaus nicht nötig gewesen. Und wenn die Außenhandelszahlen der Vereinigten Staaten an die Englands und Deutschlands herangerückt waren, so entsprang die Ausfuhr dem natürlichen Überfluß dieses reichen Landes, die Einfuhr aber zu nicht geringen Teilen der Sucht nach Monopolisierung der Märkte. Es genügt wohl, daran zu erinnern, daß die Vereinigten Staaten vor dem Kriege für fast 60 Millionen Dollar Kupfer einführten, um für 140 Millionen Dollar Kupfer auf den Weltmarkt geben zu können, und für über 40 Millionen Tabak, um 55 Millionen zu exportieren.

Das heutige Deutschland ist eben bezüglich der Versorgung vom eigenen Boden und der Verfügung über Ergänzungsboden so ungünstig gestellt wie kein anderes Land der Welt und muß hieraus notgedrungen seine nationalökonomischen und sozialpolitischen Folgerungen ziehen, anstatt unabhängig von dieser tatsächlichen Zwangslage theoretische Gebäude der Volkswirtschaft und Sozialpolitik aufzurichten, die sich unfehlbar als Kartenhäuser erweisen, wenn sie der ins Erdhafte geführten Fundamente ermangeln.

Nun werden wir aber gerade bei erdhafter Denkweise darauf zurückgreifen können, daß bei aller Abhängigkeit vom Weltmarkt der innere Markt doch die überragende Bedeutung hat. Allerdings ist es äußerst schwer, letzten Endes sogar unmöglich, ziffernmäßig inneren und äußeren Markt gegeneinander abzuwägen. Als Maßstab haben wir nur die Güterbeförderung zur Verfügung, die aber in ihrer Statistik teils mehrfache Beförderung der gleichen Ware birgt (Einfuhr zur See, Verfrachtung auf der Eisenbahn ins Inland), teils die produzierten Güter überhaupt nicht zu erfassen in der Lage ist. Es scheidet zunächst vollkommen aus der unmittelbare Eigenkonsum der Produkte, also der Verbrauch des Landmanns von der Scholle. Weiter der Warenverkehr auf Wagen und Auto zum nächsten Marktorte. Nur der Großverkehr der Eisenbahnen und Schiffahrtswege wird statistisch ermittelt. (Wer etwa vermeint, die sogenannte Erntestatistik mit zu Hilfe ziehen zu können, hat die Art der ländlichen Schätzung wohl nie praktisch beobachtet, besonders so weit es sich hierbei um den Eigenkonsum handelt.) Die folgenden Zahlen geben also nur einen sehr ungefähren Anhalt für die Abwägung zwischen Auslands- und Inlandsmarkt.

Die deutschen Eisenbahnen beförderten vor dem Kriege im Jahre 433 Millionen Tonnen Güter im Inlandverkehr, dagegen 48 Millionen nach und 24 Millionen Tonnen aus dem Ausland. Die Binnenwasserstraßen übernahmen 52 Millionen Tonnen Inlandverkehr und 35 Millionen Tonnen Auslandverkehr. Die deutsche Ein- und Ausfuhr insgesamt belief sich 1913 einschließlich der Durchfuhr auf je 81 bis 82 Millionen Tonnen, die naturgemäß teilweise auch in der Statistik des Inlandverkehrs wiederkehren. Sicher bleibt immerhin, daß der Inlandmarkt an wirtschaftlichem Umfang den Warenaustausch um ein Vielfaches überragt — was aber an der Tatsache nichts zu ändern vermag, daß wir ohne den Auslandmarkt einfach nicht zu leben vermögen. Nur darum kann es sich handeln, durch die Hebung sowohl der inländischen Produktion wie der inländischen Kaufkraft die relative Abhängigkeit vom Ausland nach Möglichkeit zu verringern.

Einige Beispiele: Gelingt es uns, für 500 Millionen Mark mehr Nahrungsmittel vom eigenen Boden herauszuwirtschaften, so ersparen wir nicht nur diese 500 Millionen an der Einfuhr, sondern wir sind dann auch nicht genötigt, jenes Quantum an Rohstoffen zu importieren, das nötig ist, um für 500 Millionen Mark Ausfuhrware zur Bezahlung der Einfuhr herzustellen (plus Bezahlung der Einfuhr dieser Rohstoffe!). Ferner: Wenn ich heute für 100 Millionen Mark Baumwolle importiere und daraus mit 80 Millionen Mark Verarbeitungskosten Ware im Werte von 250 Millionen Mark herstelle, so muß ich davon zwei Fünftel an das Ausland liefern, um den eingeführten Rohstoff zu bezahlen, und behalte drei Fünftel für den inneren Markt. Gelingt es mir aber durch gesteigerte Technik und Arbeitsleistung, aus der gleichen Rohstoffmenge mit nur 50 Millionen Mark Verarbeitungskosten bessere Ware im Werte von 300 Millionen Mark Weltmarktwert herzustellen, so brauche ich davon nur ein Drittel an das Ausland zu liefern, behalte zwei Drittel für den Inlandmarkt und bin in der Lage, diesen weit umfangreicher und vorteilhafter zu bedienen, also die Konsumkraft zu steigern. Denn mir haben diese zwei Drittel ja tatsächlich nur noch 50 Millionen gekostet, so daß ich sie im Inland viel billiger abgeben kann, als jene drei Fünftel, die mir 80 Millionen gekostet haben.

Was an Steigerung der Produktion möglich ist, lehrt zunächst ein Blick auf die Entwicklung der Hektarerträge der deutschen und ausländischen Landwirtschaft vor dem Kriege. Der Hektarertrag an Roggen stieg in Deutschland in der Zeit von 1900 bis 1913-14 von 14 auf 19 Doppelzentner, an Weizen von 16 bis 21 auf 24, an Kartoffeln von 126 auf 159. Dagegen erreicht, wie schon früher erwähnt, das von Natur so begünstigte Frankreich an Roggen nur 10, an Weizen 13 und an Kartoffeln nur 86 Doppelzentner. Über die technische Möglichkeit, den deutschen Boden in seiner landwirtschaftlichen Ertragsfähigkeit noch weiter, und sogar erheblich, zu steigern, besteht kein Zweifel. Aber die wirtschaftlichen und sozialen Verhältnisse, die Produktions- und Arbeitsbedingungen bedrohen uns im Gegenteil mit einer Extensivierung der Landwirtschaftsbetriebe statt einer weiteren Intensivierung, und das Verhältnis zwischen dem Anteil der Landwirtschaft an der Gesamtzahl der Erwerbstätigen wird immer ungünstiger — vornehmlich zu der unverhältnismäßig angeschwollenen Zahl der Handeltreibenden. Es nähren sich immer mehr Personen vom unproduktiven Zwischenhandel und der innere Markt der produktiven Landbebauer schrumpft immer mehr zusammen — eine auch für die Industrie durchaus unerwünschte Entwicklung, die den Markt in Unordnung bringt und die Abhängigkeit von ausländischer Zufuhr für unnütze Esser vermehrt. Denn so notwendig und unentbehrlich der Handelsstand an sich ist, da in der komplizierten Volks- und Weltwirtschaft der Produzent allein nicht den vollen Überblick über den Markt bis in seine einzelnen Verästelungen hinein hat und die Technik der Güterverteilung nicht beherrschen kann, so schädlich ist es, wenn in einer Zeit wirtschaftlicher Knappheit und schwerer äußerer Belastung die Zahl derjenigen Personen, die an der Güterverteilung profitieren wollen, sich in kurzer Zeit verdoppelt, anstatt womöglich eingeschränkt zu werden.

Erzeugung und Verbrauch der wichtigsten Nahrungsmittel und Rohstoffe stellte sich in der letzten Zeit vor dem Kriege, verglichen mit den wichtigsten anderen Staaten Europas, etwa so:

In der Weizenproduktion stand Deutschland mit kaum 4 Millionen Tonnen hinter Rußland (19), Frankreich (9), Italien und Ungarn (je $4^1/_2$) erst an fünfter Stelle. Es war nächst England, das gegen 6 Millionen Tonnen einführte, der größte europäische Weizenimporteur (rund 2 Millionen Tonnen) und hatte gleichwohl den geringsten Weizenkonsum der europäischen Großstaaten; denn auf den Kopf der Bevölkerung verblieben in Frankreich 245, in England 162, in Rußland 148, in Deutschland aber noch nicht 90 kg. Ausgleich schufen Roggen und Kartoffeln. An Roggen erntete das kleine Deutschland mit 11 Millionen Tonnen halb so viel wie das große Rußland und war damit allen anderen europäischen Ländern um ein Vielfaches überlegen. Nach einem mäßigen Ausfuhrüberschuß verblieben in Deutschland zum Eigenverbrauch auf den Kopf der Bevölkerung gegen 160 kg gegenüber 200 in Rußland (Frankreich nur 34). Als Kartoffelland führte Deutschland mit 45 Millionen Tonnen sogar vor Rußland (34) und hatte auch den weitaus stärksten Verbrauch mit fast 700 kg auf den Kopf (Rußland und Frankreich je 300 bis 325, England 170). Diese Zahlen wollen natürlich nicht besagen, daß jeder Deutsche täglich 4 Pfund Kartoffeln vertilgt habe. Große Teile dieser Mengen fanden vielmehr in der Spiritusbrennerei, als Viehfutter und in der Stärkefabrikation Verwendung. Unser Verlust an Getreide- und Kartoffelbau durch Versailles wurde früher erwähnt.

Was die Viehzucht anbetrifft, so hatte Deutschland die stärkste Schweinehaltung in Europa (25 Millionen oder fast 40 Stück auf 100 Einwohner gegen 12 Millionen in Rußland, 7 in Frankreich). An Rindern stand es mit 22 Millionen nur hinter Rußland (37) zurück. Die große Überlegenheit des Schafbestandes in England (28 Millionen gegen 16 in Deutschland) zeugt lediglich von der Extensität der englischen Landwirtschaft.

An Kohle waren England und Deutschland die beiden großen europäischen Exporteure. Es blieben für den Eigenverbrauch von Industrie, Verkehr und Hausbrand in England auf den Kopf 4,6 Tonnen, in Deutschland 2,5 Tonnen Steinkohle plus 1,4 Tonnen Braunkohle, in Frankreich unter Zuhilfenahme starker Einfuhr (fast ein Drittel des Gesamtkonsums) 1,5 Tonnen. An Eisenerz verbrauchte Deutschland insgesamt über 47 Millionen Tonnen (35 Eigenerzeugung, 12 Einfuhrüberschuß), England 23 Millionen (16 und 6), Frankreich 15 (22 —7). Auch der schweren Verluste Deutschlands auf diesen Gebieten wurde schon gedacht.

Neben unseren Bodenverlusten steht eine starke Einbuße an Wirtschaftsintensität, die nur zum Teil eine Folge der ungünstigeren Zusammensetzung der Bevölkerung (Verlust an Männern im besten Alter durch den Krieg) und der schlechten Ernährung, zum größeren Teil eine Folge der sozialen Umwälzung ist. Hierher gehört nicht etwa nur die Verkürzung der Arbeitszeit, sondern eine ganze Reihe psychologischer Momente, die allgemeine Einstellung des Arbeitsquantums auf das Maß nicht des Durchschnitts, sondern der schlechtesten Leistung, äußerlich bekundet durch die Nivellierung der Löhne. Der gelernte Arbeiter, der noch 1918 um 50% über dem ungelernten stand, hatte 1921 nur einen Vorsprung von 5 bis 9%, was in Anrechnung seiner Vorbereitungszeit einen ganz enormen Rückschritt für ihn bedeutet und die künftige Qualität der deutschen Arbeitsleistung schwer gefährdet. In den höheren Stufen der Arbeits- und Betriebsleistung wirkt die wesentliche Verminderung der Aufwendungen für die technischen und ähnlichen Wissenschaften durch das verarmte Deutschland entsprechend rückschrittlich — und das in einer Zeit, in der wir nach den Bodenverlusten und angesichts der schweren äußeren Lasten gerade dringend der höchsten Qualitätssteigerung und Arbeitsintensität bedürften. Wird die Einbuße an Bodenquantum nicht einigermaßen ausgeglichen durch Hebung der wirtschaftlichen Volksqualität, dann geraten wir unweigerlich immer stärker in Verschuldung an das Ausland, in Fronwirtschaft und Verarmung.

Das ist die wichtigste Schlußfolgerung, die erdhafte Wirtschaftsbetrachtung aus unserer heutigen Lage zu ziehen hat. Und von dieser praktischen Grundlage und dem Erstgeburtsrecht der hieraus sich ergebenden Folgerungen und Forderungen auszugehen, ist genau so die Aufgabe aller heutigen deutschen Wirtschaftslehre, wie Adam Smith, der Vater der angeblich theoretischen Nationalökonomie, bei dem Aufbau seiner Freihandelslehre durchaus von den praktischen Bedürfnissen des damaligen England ausgegangen ist. Wenn seine „Theorie" sich vom englischen Boden trennte, so geschah es, weil die englische Wirtschaft sich als Industrie- und Handelswirtschaft sich vom englischen Boden getrennt hatte und im Zeichen des von England aus propagierten Freihandels die höchsten Profite erwarten konnte. Neudeutsche Wirtschaftslehre aber muß in Anbetracht unseres engen Bodens und unserer kopfreichen Bevölkerung in erster Linie abzielen auf qualitative Höchstleistung, auf die Gewinnung der größten Werte mit Aufwand der geringsten Mittel. Das ist gewiß keine neue, aber praktisch in Deutschland zurzeit doch äußerst vernachlässigte Weisheit.

Bei halbem Scherz ist es hoher Ernst, wenn man sagt, das veramte Deutschland muß heute teilweise von der Luft leben: Aus dem Stickstoff der Luft holt es den künstlichen Dünger für seinen kargen Boden. In der Eroberung des Luftreichs hat es Erfolge aufzuweisen, die deutschem Flugzeugbau trotz Versailles den internationalen Boden bereitet haben (Junkers) und die ganze Welt wieder auf deutsche Leistung bewundernd schauen ließen (Z. R. III). Der Nachrichtendienst durch die Luft (das erdumspannende Nauen, der regelmäßige Funkspruchverkehr mit Südamerika) bietet uns wieder die Möglichkeit, die Welt direkt über unsere Lage zu unterrichten und trotz des Kabelraubes auch wirtschaftlich wieder überall an der Quelle zu schöpfen. Flettners Rotorschiff bedeutet einen Auftakt zu ganz neuartiger Nutzung der Kräfte bewegter Luft — ein Gebiet, auf dem sicher noch große Fortschritte zu erzielen sein werden. Wir haben die Meeresoberfläche unterwunden und die uns umgebende Luftschicht überwunden. Und wir sind 60 Millionen Volksgenossen im Reich, 80 Millionen

Stammesgenossen in einem geographischen Raum. Sollen wir kleinmütig sein? Dürfen wir verzagen? Es fehlt uns ja doch nur eins: Die nationale Geschlossenheit, Einigkeit und Zähigkeit! Endlich einmal zu ihr zu gelangen, dazu bedarf es einer neuen Gemeinschaftsbasis unserer geistigen Einstellung, der Überwindung aus kalter Theorie geborenen Zwistes, des von der natürlichen Grundlage ausgehenden, des erdhaften Denkens.

### 3. Deutschlands geoökonomische Beziehungen zu seinen Nachbarn.

Vor dem Kriege umfaßte Deutschland 541000 qkm Fläche mit 65 Millionen Einwohnern. Seine Grenznachbarn waren

| | | | | |
|---|---|---|---|---|
| Rußland mit . . . | 5277000 qkm | 106 | Mill. | Einwohnern |
| Österreich-Ungarn m. | 676000 „ | 51 | „ | „ |
| Schweiz mit . . . | 41000 „ | 3,8 | „ | „ |
| Frankreich . . . . | 536000 „ | 40 | „ | „ |
| Belgien . . . . . | 29500 „ | 7½ | „ | „ |
| Holland . . . . . | 34000 „ | 6 | „ | „ |
| Dänemark . . . . | 39000 „ | 2¾ | „ | „ |

Unter den Nachbarn befanden sich neben vier großenteils stammverwandten Kleinstaaten drei Großmächte, von denen die eine ein Nationalitätenstaat mit starken deutschen Bestandteilen war. Wie die politischen Grenzen zu den Nachbarn größtenteils „offenen" Charakter tragen (die geographisch „natürlichen" Grenzen der drei Randgebirge Böhmens waren ethnographisch durchaus keine Grenzen!), so waren auch wirtschaftlich weitverzweigte Wechselbeziehungen gegeben. In der Außenhandelsstatistik Rußlands nahm Deutschland einen weitaus überragenden Platz ein und stellte alle anderen Länder in den Schatten. Ein Drittel des gesamten russischen Außenhandels entfiel nach den russischen Anschreibungen auf den Verkehr mit Deutschland. Noch intimer waren die Wirtschaftsbeziehungen zu Österreich-Ungarn, das nicht viel weniger als die Hälfte seiner Außenhandelsgeschäfte mit Deutschland abwickelte. Bei der Schweiz war es ein recht reichliches Viertel. Aber auch für Frankreich war Deutschland vor dem Kriege der wichtigste Lieferant, wogegen die Ausfuhr von Frankreich nach England und Belgien etwas höher beziffert wurde als die nach Deutschland. Die Verkehrslage Belgiens machte dieses Land zu einem natürlichen Vermittler des deutschen Handels und ließ ein Fünftel des belgischen Gesamthandels auf den deutschen Handel entfallen. Bei den Niederlanden gestaltete sich das Bild sogar derartig, daß die volle Hälfte der Ausfuhr nach Deutschland ging, das nahezu ein Drittel der Einfuhr lieferte. Nur im dänischen Handel war England durch stärkere Entnahme dänischer Erzeugnisse auch im Gesamthandel eine Kleinigkeit überlegen, doch hielten sich England und Deutschland mit je ungefähr einem Drittel ziemlich die Wage.

Nach dem Kriege behielt Deutschland nur noch 472000 qkm mit 60 Millionen Einwohnern und sah sich nun den folgenden Grenznachbarn gegenüber (ungerechnet das zum Freistaat gemachte deutsche Danzig):

| | | | | |
|---|---|---|---|---|
| Litauen mit . . | 53000 qkm | 2 | Mill. | Einwohnern |
| Memelland mit . | 2500 „ | 0,14 | „ | „ |
| Polen mit . . . | 387000 „ | 27 | „ | „ |
| Tschechoslowakei . | 140000 „ | 14 | „ | „ |
| Österreich . . . . | 84000 „ | 6,6 | „ | „ |
| Schweiz . . . . . | 41000 „ | 3,9 | „ | „ |
| Frankreich . . . | 551000 „ | 39,6 | „ | „ |
| Belgien . . . . | 29500 „ | 7½ | „ | „ |
| Holland . . . . | 34000 „ | 7 | „ | „ |
| Dänemark . . . | 43000 „ | 3,3 | „ | „ |

Die Zahl der direkten Nachbarn hat sich also durch den Zerfall Rußlands und Österreich-Ungarns um je einen vermehrt. Politisch könnte durch diese größere Zersplitterung die Lage günstiger erscheinen. Aber gerade die umgekehrte Wirkung wird praktisch durch die Umstände erzielt, daß 1. Polen ganz Ostpreußen umklammert und durch die Grenzen zu beiden Seiten des polnischen Korridors ihre Gesamtlänge auf der östlichen Seite eine bedeutende Vergrößerung bei gleichzeitiger Verkleinerung des deutschen Raumes und der deutschen Volkszahl erfahren hat; 2. an Stelle eines verbündeten Österreich ein Frankreich sehr nahestehendes Tschechenreich gegenüber den böhmischen Grenzen steht; 3. im Hintergrunde der angrenzenden Ostländer der russische Koloß in seiner bolschewisierten Form eine Gefahr für ganz Europa bleibt.

Schlüssige handelsstatistische Vergleiche stoßen heute noch auf mancherlei Schwierigkeiten, zumal in Litauen noch keine spezialisierten Angaben vorliegen und an der Westgrenze die Besatzungsverhältnisse anormale Verschiebungen mit sich bringen. So viel aber kann festgestellt werden, daß Litauen auf enge wirtschaftliche Verbindungen mit Deutschland angewiesen ist und das Memelland zumal noch ganz überwiegend im Warenaustausch mit Deutschland steht. Auch in Polen steht Deutschland weitaus an der Spitze der Außenhandelsländer. Der Tschechoslowakei liefert Deutschland zwischen einem Viertel und einem Drittel seiner Einfuhr und ist es zugleich auch der beste Kunde. Im Handel Österreichs behauptet Deutschland auch heute den ersten Platz, trotzdem auf Grund der alten Wechselbeziehungen der Handelsverkehr zwischen Österreich und der Tschechoslowakei den deutsch-österreichischen Beziehungen ziemlich nahe kommt. Für die Schweiz ist Deutschland noch der stärkste Lieferant geblieben, aber seine gesunkene Kaufkraft hat es als Abnehmer auf dem schweizerischen Markt hinter England, Frankreich und den Vereinigten Staaten zurücktreten lassen. Frankreich verzeichnete in seiner Handelsstatistik von 1922 Deutschland sowohl in der Ein- wie in der Ausfuhr an dritter Stelle, hinter Belgien und England. Gegenüber den ganz unverhältnismäßig hohen Zahlen, die Frankreich im Verkehr mit Belgien angibt, ist es aber bemerkenswert, daß die belgische Statistik ihrerseits Deutschland in der Einfuhr doch ziemlich dicht hinter Frankreich und den Vereinigten Staaten, in der Ausfuhr hinter Frankreich und England verzeichnet. In der holländischen Einfuhr steht Deutschland nach wie vor weit obenan, als Kunde mußte es aber mit seiner verringerten Kaufkraft hinter England und Belgien zurückstehen. In Dänemark ist die Ausfuhr nach England jetzt so überragend, daß der deutsche Gesamtanteil am dänischen Handel relativ beträchtlich gesunken ist, wenn es auch als Lieferant Dänemarks noch immer vor den scharf aufgerückten Vereinigten Staaten und England steht.

Überblickt man den alten und den trotz deutscher Verarmung doch noch verbliebenen Umfang des wirtschaftlichen Verkehrs mit den Nachbarn, so sollte man wohl zu dem Schlusse gelangen, daß hier viel mehr Interessengemeinschaften als Interessengegensätze gegeben sind, und daß die erdräumliche Lage sowohl wie die wirtschaftliche Beschaffenheit und wirtschaftliche Nutzungsart Deutschlands und der umliegenden Gebiete sie durchweg auf ausgedehnten wechselseitigen Güteraustausch hinweisen. Holland und Belgien sind natürliche Handelsvermittler für Deutschland, wie Deutschland es für die Schweiz ist. Dänemark ist nur eine natürliche Fortsetzung reichen norddeutschen Weidelandes, berufen, Lücken der deutschen Viehproduktion auszufüllen. Die Länder am Njemen und an der Weichsel stehen in normalerweise gar nicht auszuschaltender Verbindung ebensogut wie die Länder der oberen und mittleren Donau oder wie der immer noch schiffbare Oberlauf der Elbe jenseits der Sächsischen Schweiz mit dem weiteren deutschen Lauf dieses Stromes. Über den Rhein hinüber aber führte während der letzten Jahrzehnte industrieller Entwicklung in immer zunehmendem Maße die natürliche Ergänzung rechtsrheinischer Kohle und linksrheinischer Erze.

Könnte man sich in Europa das Selbstbestimmungsrecht der Völker in der Weise erfüllt denken, daß die ethnographischen Einheiten, die räumlich beisammen wohnen, auch staatliche Einheiten bilden und es keine unterdrückten Minderheiten mehr gäbe, dann verbliebe ohne täglich neue Schürung des Nationalitätenhaders eine solche Menge wirtschaftlicher Verbindungsfäden, ein so starkes wechselseitiges Zusammengehörigkeitsgefühl, daß man meinen möchte, die Gründung der Vereinigten Staaten von Europa sollte ein Kinderspiel sein. Aber wir leben nun einmal in einem Länderkomplex, in dem die politischen Grenzen der vorhandenen Staaten, die ethnographischen Grenzen verschiedenen Volkstums, die Grenzen zweifelsfrei zusammengehöriger Wirtschafts- und Verkehrszonen einander in der verschiedensten Weise überschneiden. Der genialste Staatsmann wäre nicht fähig, in diesem mannigfachen Durcheinander die „Patent-Lösung" mitteleuropäischer Grenzziehung zu finden. Er kommt vor allen Dingen auf einem breiten Landstreifen zwischen Danzig und Triest nicht um die Belassung nationaler Minderheiten auf dieser oder jener Seite herum. Und er kann räumliche Wirtschaftseinheiten nicht staatlich zusammenbringen, ohne weit über die nationalen Grenzen hinauszugreifen.

Unter diesen äußerst verzwickten Verhältnissen kann ich mir eine wenigstens relative „Befriedigung" im Gegensatz zu dem heutigen Stadium höchster Ungerechtigkeit gegenüber dem stärksten und leistungsfähigsten Volk in Mitteleuropa nur so vorstellen, daß die gänzlich ungerechtfertigte Vormachtstellung Frankreichs auf dem europäischen Festlande auf diesem oder jenem Wege beseitigt wird und von den 80 Millionen mitteleuropäischer Deutscher wenigstens 70 Millionen ihre staatliche Einheit finden. Kommt der Rückhalt an einem übermächtigen Frankreich in Fortfall, dann werden auch die heute weit über Gebühr fremde Minderheiten beherrschenden Polen und Tschechen in ihren Machtansprüchen auf ein erträgliches Maß zurückgeführt. Und dann können, frei von jedem staatlichen Zwang, in vernünftigen wirtschaftlichen Verhandlungen die Ruhrkohle und die französischen Erze sich finden, die Naturprodukte der mittleren und unteren Donauländer und der deutsche Absatzmarkt, ebenso das polnische Holz und Petroleum usw.

Will Festlandeuropa nicht dauernd und immer tiefer in Schuldknechtschaft gegenüber Amerika verfallen, so muß es unter Verzicht auf innere Kämpfe um politische Hegemonieansprüche seine wirtschaftlichen Kräfte im Dienste dieser gemeinsamen Interessen vereinigen und aufs höchste anspannen, heute schlecht oder gar nicht genutzte Möglichkeiten in vollem Maße ausnutzen. Wenn aber auf der einen Seite ein durch die Stärke des betreffenden Stammvolkes in keiner Weise begründeter Imperialismus, auf der anderen Seite ein wirtschaftstötender Bolschewismus Europa bedroht und in der Mitte ein Konglomerat bunter Nationalitätenstaaten mit übertriebenen Machtansprüchen und ein durch äußere und innere Einflüsse gleichermaßen an freier Entfaltung seiner Wirtschaftskräfte gehemmtes Deutschland steht, dann freilich muß der Weg bergab führen und immer weiter bergab.

Die letzte Zielsetzung erdhaften Denkens gilt also keineswegs etwa nur Deutschland — wenn auch hier erst einmal begonnen werden muß —, sondern sie gilt der Gesundung der unerträglich gewordenen europäischen Verhältnisse — und schließlich der Gesundung der Weltwirtschaft und der zweckvollsten Nutzung und Verteilung der Erdengüter überhaupt. Aber bis zu den weiter gesteckten Zielen ist noch ein langer, dorniger Weg. Vorerst müssen wir im eigenen Lande erkennen und mit aller Klarheit begreifen, daß wir in geoökonomisch ebenso wie geopolitisch unmögliche Grenzen hineingepreßt sind, daß unsere geoökonomischen Abhängigkeiten den Ausgangspunkt bilden müssen für alle wirtschaftspoltischen Betrachtungen, und müssen auch die Wirtschaftswissenschaft zurückführen auf diesen natürlichen Ausgangspunkt.[1])

Würde es gelingen, durch sorgsamen Ausbau eines Systems, zu dem hier ein Fingerzeig versucht werden sollte, die internationale Wirtschaftswissenschaft geoökonomisch zu beeinflussen, und zwar von Deutschland aus, so könnte mit einer solchen Arbeit ein Gegenstück geschaffen werden zu der langfristigen Beherrschung nationalökonomischen Denkens in aller Welt durch ein wissenschaftliches

---

[1]) In letzter Stunde, unmittelbar vor Beendigung der Druck-Korrektur, macht mich Herr Professor Röpke, Jena, schriftlich darauf aufmerksam, daß auch er seinerseits in einigen (mir bis dahin entgangenen) Veröffentlichungen der jüngsten Zeit den Ausdruck „Geoökonomie" gebraucht habe. Es ist das allerdings in solchen Publikationen geschehen, deren Titel (wie die „Konjunktur" oder „Geld und Außenhandel") geoökonomische Betrachtungen schwerlich erwarten ließ. Wie schon aus der Fußnote auf Seite 15 hervorgeht, gebührt die sogenannte „Priorität" der Wortbildung „Geoökonomie" geologischen Fachkreisen. Ich fühle mich nun also mehrfach gedeckt gegen den Vorwurf, ein nicht eben sprachschönes, aber nach dem eingebürgerten Vorbild der „Geopolitik" zunächst kaum vermeidbares Wortgepräge in das wirtschaftliche und politische Schrifttum eingeführt zu haben, das, nachdem die Bedeutung des Begriffs einmal klargelegt ist, im Tagesgebrauch vielfach durch „erdhaftes Wirtschaftsdenken" wird ersetzt oder ergänzt werden können. Die Priorität der Wortprägung hat ja doch lediglich philologisches Interesse. Daß verschiedene Stellen ganz unabhängig voneinander zur Anwendung des darin liegenden Begriffs gekommen sind, bestätigt in beachtenswerter Weise die Zwangläufigkeit, mit der wirklich zeitgemäßes Wirtschaftsdenken zu diesem Begriff gelangen muß, und gibt meiner früher ausgedrückten Hoffnung, daß die Grundfragen der „Geoökonomie" von möglichst verschiedenen Seiten in Behandlung genommen werden möchten, neue Nahrung. Was aber die neueste, übrigens erst nach Übersendung des Manuskripts der vorliegenden Arbeit an den Verlag erschienene Schrift von Professor Röpke (Geld und Außenhandel, Verlag von Gustav Fischer, Jena 1925) anbetrifft, so zeigt sie allerdings, daß die Auffassungen von Prof. R. und die meinigen sich in zwei verschiedenen Gedankenwelten bewegen. Denn während in den vorstehenden Abschnitten der ganze Nachdruck auf die nationalwirtschaftlichen Gemeinwirtschaftsinteressen gelegt ist, möchte Prof. R. diese vollkommen ignorieren und trotz der gegenwärtig zu beobachtenden Einstellung aller Staaten auf stärkste Betonung der nationalwirtschaftlichen Sonderinteressen nur die Zusammenhänge zwischen Individualwirtschaft und Weltwirtschaft gelten lassen.

System, das nur darauf eingestellt war, die britischen Interessen zu fördern. Internationale Verbreitung erdhafter Wirtschaftsbetrachtung würde, weit davon entfernt, für Deutschland Sondervorteile erstreben zu dürfen, doch ganz von selbst dazu führen, daß auch Deutschland eine etwas gerechtere Beurteilung seiner Lebensbedingungen zuteil würde. Bevor wir aber von anderen erwarten können, daß sie unsere Lebensnotwendigkeiten gerechter bewerten, müssen wir selbst die richtige Einstellung finden. Führt aber diese neue Einstellung auf dem Wege der Abkehr von sozialen Utopien zu erdhafter Betrachtung zugleich dahin, daß wir den westlichen Kulturländern dieser und der überseeischen Welt nicht mehr in heutiger Weise als Exporteure die wirtschaftliche und soziale Konstruktion jener Länder bedrohender Ideen gelten, so ist auch damit ein weiterer Schritt zu künftiger Verständigung getan.

Was also in den früheren Abschnitten als eine Art nationalistischer Einkapselung und Zwecksetzung der Wirtschaftslehre erschienen sein mag, wird im weiteren Rahmen nunmehr doch wohl als universelle Grundlage wirtschaftlicher Betrachtungen bewertet werden können.

## Schlußwort.

Auf den vorstehenden Blättern konnte und wollte nicht viel mehr geboten werden, als eine gedrängte Folge von Kapitelüberschriften und ersten Anregungen. Die wissenschaftlich systematische Ausfüllung einer Geoökonomie ist natürlich eine Arbeit von vielen Jahren. Die Not unseres Volkes in seiner inneren Zerrissenheit bei stärkster äußerer Einschnürung und Bedrängnis aber ließ mir keine Ruhe, bevor nicht wenigstens ein erstes Zeichen zum Neubau gerade auf dem Wissenschaftsgebiet herausgesteckt war, auf dem die übelsten Trümmerhaufen liegen.

So konnten denn einstweilen nur Fundamente ausgeschachtet, allenfalls einige Grundpfeiler aufgerichtet werden. Mein dringendster und herzlichster Wunsch ist es, daß berufene Außen- und Innenarchitekten der Wirtschaftslehre sich an der Fortführung des Baus rege betätigen mögen.

Der Leser aber, der nach den ersten Seiten eine kühne, vielleicht gar anmaßende Kampfschrift erwartet haben mag und mir nun bis hierher gefolgt ist, wird je nach Temperament enttäuscht oder befriedigt sein, als letzte Triebkraft für meinen Vorstoß doch nicht Kampfeseifer, sondern Versöhnungswillen erkannt zu haben. Ja, ist denn nicht schließlich und endlich die Wirtschaftslehre ähnlich der Technologie und der Chemie eine Wissenschaft, die in eminentem Maße auf das praktische Leben eingestellt ist und einwirkt? Und kann ihre Einwirkung auf das praktische Leben fruchtbar sein, wenn sie Gegensätze vertieft, anstatt Gemeinschaft zu festigen?

Das Endurteil über das Streben nach Umstellung auf erdhafte Wirtschaftsbetrachtung und ihre Bedeutung für die Schaffung einer neuen Gemeinschaftsbasis steht bei der Zukunft. Und das ist: bei der deutschen Jugend. Ihr Verständnis für das hier Angebahnte ist meine Hoffnung.

Berlin, 30. November 1924.

www.ingramcontent.com/pod-product-compliance
Lightning Source LLC
LaVergne TN
LVHW042247300926
849161LV00003B/504